141 106-5

7. **Rheinische Eisenbahn**
19. Bonn-Cölner Eisenbahn
58. Köln-Krefelder Eisenbahn
59. Nassauische Eisenbahn
85. Crefeld-Kreis Kempener Eisenbahn
95. Nordbrabant-Deutsche Eisenbahn
104. Aachen-Jülicher Eisenbahn
227. Bröltaler Eisenbahn

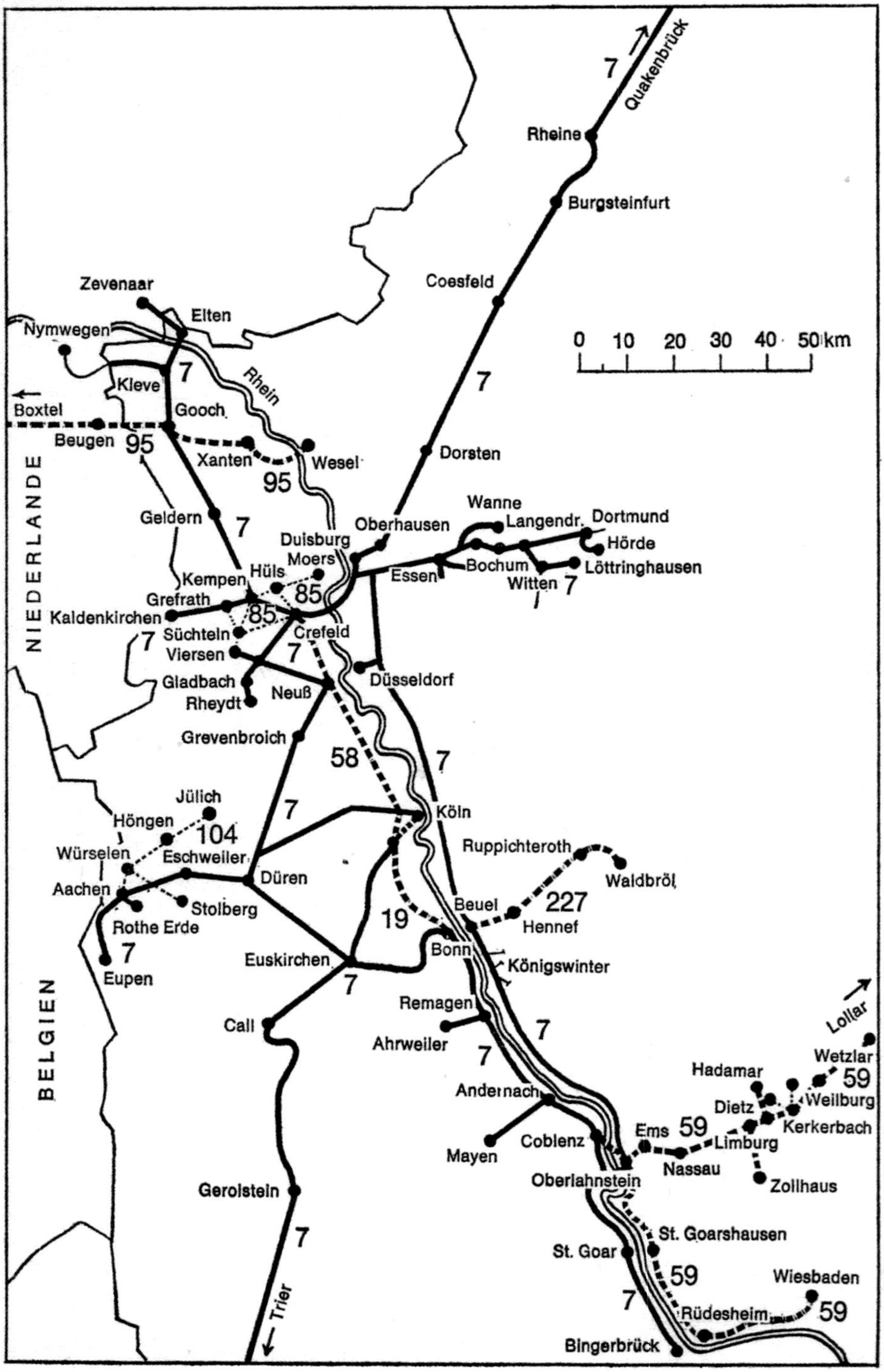

Die Karte zeigt einen Überblick der Rheinischen Strecken im Kontext weiterer Privatbahnen.

Bernd Franco Hoffmann

Die Rheinische Eisenbahngesellschaft

Geschichte und Gegenwart in faszinierenden Bildern

SUTTON

Brücke aus Backstein: Der Burtscheider Viadukt wurde über dem Wurmtal zwischen dem Aachener Hauptbahnhof und Aachen Rothe Erde errichtet und existiert noch heute.

Einband vorn: Wein und Weltkulturerbe: Durch das malerische Bacharach der linken Rheinstrecke fährt 18 541 mit dem FFD 101 „Rheingold" 1930 in Richtung Koblenz.
Vorsatz: In Oberwesel passiert die als „Knallfrosch" bekannte 141 106 auf der linken Rheinstrecke am 1. Oktober 1981 mit N 7528 den markanten Ochsenturm.
Seite 3: Blickpunkt des RhE-Bahnhofs Essen Nord war das Reiterstellwerk „Eno", das 2015 durch einen Brand beschädigt und anschließend abgerissen wurde. Der Lokführer von 044 669, der am 20. Juli 1976 mit einem E-Wagenzug unterwegs ist, konnte den Bediensteten noch zuwinken.
Nachsatz: Nahezu verschwunden aus dem Kölner Stadtbild ist der ehemalige Central-Güter-Bahnhof der RhE, der als Güterbahnhof Köln Gereon in Zentrumslage immense Ausmaße besaß. Links neben dem Hansa-Hochhaus befindet sich heute der Haltepunkt Köln-Hansaring.
Einband hinten: Als „Retter der Nebenbahnen" passiert Schienenbus 98 884 mit 998 175 und 798 704 als N 7262 zwischen Andernach und Mayen am 30. April 1984 den Bahnhof Kruft.

Impressum

Sutton Verlag GmbH
Schweickhardtstraße 1
72072 Tübingen
www.suttonverlag.de

ISBN: 978-3-96303-463-3
Printed in Poland by CGS
Gestaltung und Herstellung: Sutton Verlag

Inhalt

Abkürzungsverzeichnis

Um das Lesen zu erleichtern, sind nachfolgend die Abkürzungen der im Buch vorkommenden Abkürzungen der Bahngesellschaften alphabetisch aufgelistet:

AJE	Aachener-Jülicher Eisenbahngesellschaft
BKE	Bonn-Kölner Eisenbahngesellschaft
BME	Bergisch-Märkische Eisenbahngesellschaft
DB	Deutsche Bundesbahn
DB AG	Deutsche Bahn AG
DBAG Netz	Deutsche Bahn AG Netz
DEE	Düsseldorf-Elberfelder Eisenbahngesellschaft
DGEE	Dortmund-Gronau-Enscheder Eisenbahn-Gesellschaft
DKB	Dürener Kreisbahn
DEAG	Dürener Eisenbahn A.G.
DRB	Deutsche Reichsbahn
EBV	Eschweiler Bergwerksverein
EBM	Eisenbahn-Verkehrsgesellschaft im Bergisch-Märkischen Raum
HLB	Hessische Ludwigs-Eisenbahn-Gesellschaft
KDADRG	Königliche Direktion der Aachen-Düsseldorf-Ruhrorter Eisenbahn-Gesellschaft
KED	Königliche Eisenbahndirektion
KKE	Köln-Krefelder Eisenbahngesellschaft
KME	Köln-Mindener Eisenbahngesellschaft
MEE	Mülheim-Essener Eisenbahngesellschaft
NBDS	Nord-Brabantisch-Deutsche Eisenbahngesellschaft
NRLG	Nassauische Rhein- und Lahn-Eisenbahn-Gesellschaft
NRM	Nederlandsche Rhijnspoorweg-Maatschappij
NREG	Nassauische Rhein-Eisenbahn-Gesellschaft
NWE	Niederländisch-Westfälische Eisenbahn-Gesellschaft
PNV	Aktiengesellschaft der Preußisch-Niederländischen Verbindungsbahn
PRE	Preußisch-Rheinische Eisenbahngesellschaft
RKG	Ruhrort-Crefeld-Kreis Gladbacher Eisenbahngesellschaft
RhE	Rheinische Eisenbahngesellschaft
RNE	Rhein-Nahe-Eisenbahngesellschaft
RSE	Rhein-Sieg-Eisenbahn
RWEAG	Rhein-Weser-Eisenbahnaktiengesellschaft
WE	Westfälische Eisenbahn
WEG	Wiesbadener Eisenbahngesellschaft

Vorwort – Ein Gigant der Schiene

Die Rheinische Eisenbahn versinnbildlicht die Geschichte der Eisenbahn, sie zeigt, was Ausdauer, gepaart mit den Grundsätzen der Solidität, vermag.
„Aachener Zeitung“, 29. Oktober 1868

Der Bahnhof Belvedere im Westen Kölns ist zwischen Eisenbahntrasse, Laubwäldern und Schulzentrum schon lange in einen ewigen Dornröschenschlaf gefallen, denn ein Zug hält hier nie mehr. Zugleich ist dieser Bahnhof das steinerne Vermächtnis der einst mächtigen Rheinischen Eisenbahngesellschaft und für den Landeskonservator Rheinland ein „Baudenkmal von nationaler Bedeutung“.

Am Bahnhof Belvedere in Köln-Müngersdorf erinnert eine Stele an die Anfänge der Rheinischen Eisenbahngesellschaft.

Belvedere war der erste Bahnhof an einer Eisenbahnlinie, die als erste eine Außengrenze des Deutschen Bundes überschritt. Gebaut wurde diese internationale Verbindung von besagter Rheinischen Eisenbahngesellschaft. Das rheinische Unternehmen zählt neben der Köln-Mindener- und der Bergisch-Märkischen Eisenbahngesellschaft zu den bedeutendsten Unternehmen in der Ära des privaten Eisenbahnbaus. Strecken wie Köln–Herbesthal, die Eifelbahn oder die Trassen links und rechts des Mittelrheintals sind unverzichtbare Lebensadern für den Nah- und Fernverkehr.

Die Rheinische Eisenbahngesellschaft entstand wie ihre Konkurrenz während einer Epoche, in der die Eisenbahn noch ein neues Verkehrsmittel war, aber bereits Fortschritt, Entwicklung und Beschleunigung versprach. Preußen hielt sich aus finanziellen Gründen, aber auch aus Argwohn gegenüber den fauchenden Ungeheuern mit dem Schienenbau noch zurück. Politiker, Unternehmer und Visionäre sorgten deshalb selbst für die Genehmigung, Finanzierung und Bau schneller Schienenwege, um Städte und Gemeinden zu vernetzen. Bei der Rheinischen Eisenbahngesellschaft legten kluge und visionäre Köpfe wie Ludolf Camphausen, Gustav Mevissen und der praktisch im Eisenbahngeschäft damals allgegenwärtige David Hansemann den Grundstein für diese Gesellschaft und ihre oft erfolgreichen Verbindungen.

Die Eisenbahnunternehmer waren natürlich keine Wohlfahrtsgesellschaften, sondern hofften auf erhebliche Profite durch den Personen- und Gütertransport, was aber dem Wunsch der Regionen an Rhein und Ruhr entsprach, die sich von der Eisenbahn einen wirtschaftlichen Aufschwung erhofften. Der Weg in das Dampfzeitalter war von Hindernissen gepflastert. Das Tauziehen um neue Trassen entpuppte sich oft als zähes Ringen um jeden Schienenmeter. Die Gesellschaft kämpfte um Konzessionen, gegen militärische Bedenken und mit baulichen Herausforderungen, die das Budget mitunter arg strapazierten.

Nach der Verstaatlichung kämpfte manche Strecke vergeblich gegen den Siegeszug des Automobils und Auswirkungen des industriellen Wandels. Auch die rheinischen Strecken erlebten Demontagen und Stilllegungen. Manche Trasse wird gegenwärtig von Draisinen befahren, einige wurden in Radwege umgewandelt und nicht wenige sind komplett von der Bildfläche verschwunden. Dieses Buch erzählt die Geschichte eines Giganten der Schiene, vom Aufbruch über Aufschwung bis zur Auflösung, dessen Pioniergeist Mensch und Material heute noch zum gewünschten Ziel befördert.

Ich danke den Unterstützern, die zum Gelingen des Buches beigetragen haben: Christiane Dors, Korbinian Fleischer, Ingo Hütter, Roland Keller, Jörg Schrewentigges, der Eisenbahnstiftung Joachim Schmidt, dem Eisenbahnmuseum Bochum-Dahlhausen, Rolf Weber und Roland Wirtz.

Aktuelle Neuigkeiten rund um meine Bücher finden Sie u.a. auf den folgenden Seiten:

www.bfhoffmann.de

https://www.facebook.com/RheinischeEisenbahngesellschaft/

https://www.facebook.com/DieEisenbahnbuechervonBerndFrancoHoffmann/

https://www.facebook.com/stillgelegtebahnstreckenTV/

1

Kampf zwischen Köln und Aachen: Wie sich die Rheinische Eisenbahngesellschaft gründete

Etabliert und einflussreich

Politiker, Bankier und Wirtschaftsführer – Ludolf Camphausen war ein Mann mit vielen Talenten und ebenso vielen Ämtern. Camphausen sollte sich zudem als Wegbereiter einer epochalen Eisenbahnverbindung erweisen. Mit dem „rheinischen Liberalen" ist die immer noch gängige Bezeichnung „Eiserner Rhein" untrennbar verbunden.

Geboren wurde Camphausen am 10. Januar 1803 in Hünshoven, einem heutigen Stadtteil von Geilenkirchen. Camphausens Vater besaß in Hünshoven eine einträgliche Ölmühle und spezialisierte sich auf Öl- und Tabakwaren. Schon früh war dem Filius klar, dass er wie sein Bruder August in die Fußstapfen seines Vaters treten würde. Camphausen besuchte zunächst in Rheydt die Volksschule, danach ein Gymnasium in Weilburg sowie eine Handelsschule in Solingen. Die Kaufmannslehre absolvierte der junge Ludolf in Düsseldorf, ehe er ab 1821 im elterlichen Geschäft mitwirkte. Nach dem frühen Tod des Vaters führte er mit seinem Bruder das elterliche Öl- und Tabakwarenunternehmen erfolgreich weiter.

Die positive Entwicklung setzte sich 1830 nach der Übersiedlung nach Köln weiter fort. Bereits vier Jahre zuvor hatten die Camphausen-Brüder in der Domstadt eine zweite Ölmühle gegründet. Der Expansionsdrang führte dann zur Gründung eines Getreidehandels und 1840 einer eigenen Privatbank. Zu diesem Zeitpunkt war Camphausen in der Kölner Wirtschaftselite bestens etabliert. Ab 1831 war der Unternehmer Mitglied der Kölner Handelskammer und von 1838 bis 1848 ihr Präsident. Zudem gewann Camphausen ab 1821 als Mitglied im Kölner Stadtrat und ab 1847 im Vereinigten Landtag zusätzlichen politischen Einfluss.

Der engagierte Wirtschaftsliberale versuchte zudem der Kölner Wirtschaft immer wieder mit Denkschriften und Eingaben neue

Eisern und entschlossen für die Eisenbahn: RhE-„Gründungsvater" Ludolf Camphausen.

Anstöße zu geben. Dazu zählte 1833 auch die Denkschrift „Zur Eisenbahn von Köln nach Antwerpen". Camphausen hatte sich zuvor neben anderen Eisenbahnlobbyisten wie Friedrich Harkort und Friedrich List intensiv mit dem noch jungen Verkehrsmittel befasst. Vorbild für Camphausen war England, wo ab 1825 auf der Strecke von Stockton nach Darlington und ab 1830 von Liverpool nach Manchester erfolgreich eine Eisenbahn mit Dampfbetrieb schnaufte. Als Ergebnis sanken die Frachtkosten dort ebenso wie die Dauer der Reisezeit.

Eisern für den „Eisernen Rhein"

Zwar baute der preußische Staat bis dato besonders im Rheinland und in Westfalen viele Chausseen, aber der Transport mit Pferden und Ochsen war mühsam und ebenso wie die Postkutsche von den Witterungsverhältnissen abhängig. Die stetig wachsende rheinländische Industrie wurde bei der Flussschifffahrt zudem noch durch die hohen niederländischen Rheinzölle belastet. Außerdem wollte der 1831 neu gegründete Staat Belgien mit Preußen verstärkt Handel betreiben, um dadurch den fehlenden Zugang zum Rhein wettzumachen. Camphausen prophezeite in seiner Denkschrift deshalb für den Staat Preußen „die Verringerung der Kosten durch die Eisenbahn auf ein Drittel".

Die Karte von 1835 mit den vier vorgeschlagenen Linienführungen von Köln nach Belgien. Der Weg über Düren und Eschweiler setzte sich am Ende durch.

Auf Seite 24 des Memorandums steht der entscheidende Satz, der das mögliche Ende der Abhängigkeit von den Niederlanden verkündete: „Dass die Zahlung dieses Tributs mit der ersten auf der freien Bahn von Köln nach Antwerpen rollenden Wagen endet, dass Holland gezwungen sein wird, dem deutschen Handel alles zu bieten, was ihm der neue, der Eiserne Rhein gewährt, das liegt in der Natur der Dinge". Der Begriff vom „Eisernen Rhein" war damit geboren.

Camphausen war zwar nicht der Erste, der sich mit einer Bahnverbindung von Deutschland nach Belgien befasste, aber seine Gedankenspiele konkretisierten sich zusehends, zumal in Belgien der Staat die Eisenbahnen baute. Dadurch waren auf belgischem Gebiet die technischen Vorarbeiten für Gleisverbindungen so weit fortgeschritten, dass laut Camphausen „dort täglich die wirkliche Ausführung beginnen kann".

Die „eiserne Straße" sollte von Köln aus über Düren, Eschweiler, Aachen nach Eupen führen. „Die Eschweiler Kohlen, jetzt auf einen kleinen Umkreis beschränkt, gelangen dann kaum mit mehr Kosten zum Rheine, als jene der Ruhr. Die benachbarten Eisenhütten und Bleiwerke werden sich der Begünstigungen des eisernen Stromes erfreuen", analysierte Camphausen in seiner Denkschrift.

Der Verfasser gründete dann am 3. Mai 1833 mit seinen Unterstützern ein „Komitee für eine Eisenbahn von Köln nach Antwerpen" und übernahm mit dem Kölner Bürgermeister Johann Adolph Steinberger den Vorsitz. Dem Projekt stimmte im Dezember desselben Jahres auch Preußens König Friedrich Wilhelm III. zu. Durch diese Genehmigung mutierte die Theorie allerdings zur problematischen Praxis. Camphausen hoffte auf staatliche Finanzhilfe, doch das durch die napoleonischen Kriege hochverschuldete Preußen hielt sich bis dato aus dem Eisenbahnbau zurück. Die Konzession „Zur Anlage einer Eisenbahn von der westlichen Landesgrenze gegen Belgien bis Köln" musste mit privaten Geldern gestemmt werden. Das Projekt war aber bereits so weit gediehen, dass im Januar 1834 durch Kölner Banken und private Anleger bereits ein Grundkapital von 1,5 Millionen Taler vorhanden war. Dass sich die Rhein-Segelschifffahrt durch die Eisenbahn existenziell bedroht fühlte und beim König, einem ausgewiesenen Eisenbahnskeptiker, gegen den „Eisernen Weg" protestierte, konnte die Pläne nicht mehr stoppen. Wesentlich kontraproduktiver wirkten sich die Ergebnisse der bautechnischen Umsetzung aus.

RhE gegen PRE

Der vom Komitee beauftragte Wasserbauinspektor Ludwig Henz präsentierte im Frühjahr 1835 eine Linienführung, die entgegen der ursprünglichen Planung nicht über Düren und Aachen, sondern über Eschweiler, Kornelimünster und Raeren nach Belgien führen sollte. Zwar erwähnte Camphausen in seiner Denkschrift explizit die Bedeutung von Aachen und Düren, doch aufgrund der dortigen kostenintensiven Geländeschwierigkeiten waren für diese Städte nur noch Stichbahnen vorgesehen. Besonders der Anschluss von Düren würde ein starkes Steigen und Fallen der Linie bedeuten, betonte Henz. Die protegierte Linienführung verzeichnete inzwischen immer mehr Aktienanteile, was bei der ersten Aktionärs-Generalversammlung am

25. Juli 1835 unter Vorsitz von Camphausen zur ersten Gründung der Rheinischen Eisenbahngesellschaft (RhE) führte. Camphausen bemühte sich während dieser Versammlung die Delegierten aus Aachen und Düren zu trösten, indem er die Vorteile der Eisenbahn noch einmal betonte, selbst wenn diese an den Mauern dieser Städte vorbeiführen sollte.

Der einflussreiche Einwohneranteil der Kaiserstadt war jedoch untröstlich und wehrte sich gegen diese Zurücksetzung, was den Startpunkt eines langwierigen Köln-Aachener Eisenbahnkonflikts markierte. Wortführer der Aachener Gruppe war David Hansemann. Der 1790 in Heiligenfeld bei Hannover geborene Kaufmann und Bankier sollte auch noch bei der Bergisch-Märkischen Eisenbahngesellschaft (BME) und der Köln-Mindener Eisenbahngesellschaft (KME) eine gewisse Rolle spielen. Hansemann war seit 1827 Mitglied der Handelskammer sowie seit 1828 des Aachener Stadtrates und entsprechend einflussreich.

Ebenso wie sein Kölner Kollege Camphausen erkannte Hansemann früh die Bedeutung der Eisenbahn für die wirtschaftliche Entwicklung der Rheinprovinz. Inzwischen eröffnete nämlich die Königlich privilegierte Ludwigs-Eisenbahn-Gesellschaft am 7. Dezember 1835 mit George Stephensons „Adler"-Lokomotive unter großer öffentlicher Anteilnahme mit der Verbindung zwischen den fränkischen Städten Nürnberg und Fürth die erste Eisenbahnlinie Deutschlands.

Wie Camphausen hoffte auch Hansemann auf finanzielle Unterstützung durch den Staat, aber damit endeten die Gemeinsamkeiten. Hansemann und seine Unterstützer konterten die Kölner Pläne und gründeten am 31. März 1836 die Preußisch-Rheinische Eisenbahngesellschaft (PRE). Die Gesellschaft mit Hansemann als provisorischem Direktor hatte bereits ein Viertel des nötigen Aktienkapitals von zwei Millionen Taler gezeichnet und präsentierte am 6. April 1836 in Jülich den Entwurf einer Trasse, die von Köln über Königsdorf und von Düren durch das Indetal führen sollte; weiter ging es nach den Plänen über Stolberg und Rothe Erde nach Aachen, Burtscheid und über die belgische Grenze mit einer Stichbahn nach Eupen. Ein Gutachten untermauerte zudem Hansemanns These, dass es durchaus möglich wäre, wenn auch teurer, die Eisenbahn technisch über Düren und Aachen anzulegen.

Der Briefkopf der RhE, datiert vom 29. Mai 1839, noch vor Eröffnung des ersten Streckenabschnitts.

Ein „unüberwindlicher Ekel"

Daraufhin folgten zahlreiche hitzige Diskussionen, Denkschriften und Debatten, aber keine Fortschritte in der Realisierung. In Berlin verhandelten die Aachener und Kölner Vertreter wiederholt um die Linienführung. Die RhE-Aktionäre beobachteten besorgt, dass ihr Projekt immer noch nicht in die Praxis umgesetzt worden war. Camphausen war bereits so frustriert, dass er „einen unüberwindlichen Ekel" verspürte, wenn er sich mit Eisenbahndingen beschäftigte. Allmählich aber tendierte das Ministerium zu einer Lösung, die beiden Seiten gerecht werden wollte.

Preußen stimmte am 12. Februar 1837 per Kabinettsorder der Aachener Variante zu, erteilte aber die erforderliche Konzession der RhE für den Bahnbau und forderte die Aachener Gesellschaft darin auf, „die Teilnahme an den Aktien der Kölner Gesellschaft mit einer angemessenen Summe zu überlassen".

Die RhE wurde mit der PRE verschmolzen und die erste Generalversammlung tagte in Köln vom 31. Mai bis zum 8. Juni 1837, ehe sich einen Tag später die Rheinische Eisenbahngesellschaft in erweiterter Form mit einem Aktienkapital von drei Millionen Talern neu gründete. Als Sitz der Gesellschaft wählten die Delegierten bei der ersten Generalversammlung Köln. Die Konzession zum Bau der Bahn folgte am 21. August 1837. Zum ersten Vorsitzenden bestimmten die Aktionäre den Kölner Landgerichtspräsidenten Otto von Oppen und zum Vizepräsidenten Hansemann. Der ebenfalls zum Direktor gewählte Camphausen lehnte hingegen, zermürbt von den Streitigkeiten, seinen Posten ab.

Camphausen gründete 1841 die Kölner Dampfschleppschiffahrts-Gesellschaft und die RhE-Geschichte wurde zunächst ohne ihn fortgeschrieben. Mit dem Begriff des „Eisernen Rheins", womit in späteren Jahren allerdings in erster Linie die BME-Strecke von Mönchengladbach über Roermond zum Antwerpener Hafen bezeichnet wurde, schrieb sich Camphausen aber in das Ehrenbuch der deutschen Eisenbahngeschichte.

Als „Eiserner Rhein" wird heute die Strecke Mönchengladbach–Antwerpen bezeichnet. Zu den Stationen zählt auch der Bahnhof Dalheim, wo am 14. August 1982 der Akkutriebwagen 815732 Halt macht.

2

Eine Bahn nach Belgien: Die Strecke Köln–Aachen–Herbesthal

Wichtige Eröffnungsdaten:

2. August 1839: Köln–Müngersdorf
2. Juli 1840: Müngersdorf–Lövenich
1. September 1841: Lövenich–Horrem–Düren–Stolberg–Rothe Erde–Aachen
15. Oktober 1843: Aachen–Aachen Süd–Reichsgrenze–Herbesthal

Die Karte der Königlichen Eisenbahndirektion (KED) Köln von 1917 zeigt die Strecke Köln–Herbesthal mit Zweigbahnen wie der Vennbahn.

Erfahrungen aus England

Die Konzession gestattete der RhE, dass auch andere Gesellschaften den Bahnweg gegen eine entsprechende Gebühr mitbenutzten, was bei der späteren Konkurrenz (BME und KME) ebenfalls üblich wurde. Mit diesem für alle Beteiligten zufriedenstellenden Abschluss konnte die Gesellschaft endlich mit dem Bau beginnen.

Leitender Ingenieur für die technische Ausführung war August Eduard Pickel, damals einer der wenigen deutschen Experten für den Bahnbau. Pickel besuchte sogar England, um den viel gerühmten Eisenbahnpionier George Stephenson zu treffen, der 1830 mit der Strecke Liverpool–Manchester sein Meisterstück abgeliefert hatte. Stephenson präsentierte bei der 50 Kilometer langen Strecke mit zahlreichen Tunneln, Brücken und kreuzungsfreien Unterführungen praktisch die Blaupause für den weltweiten Eisenbahnbau. Pickel seinerseits führte bereits für die Strecke Düsseldorf–Elberfeld die Vorplanungen durch und sammelte beim Bau des Sonnborner Viadukts wichtige Erkenntnisse. Seine Vorarbeiten sorgten nochmals für eine Optimierung der Trasse. Zudem bereitete Pickel die Strecke optional für ein zweites Gleis vor. Die Untersuchungen für eine Zweigbahn nach Eupen wurden hingegen erst einmal verschoben.

Der Eisenbahnbau startete im April 1838 und die RhE stellte bereits während der Vorarbeiten zahlreiche Buchhalter, Techniker und Arbeiter ein. Eigens engagierte belgische Ziegelmeister produzierten die Ziegelsteine für Brücken, Tunnel und Gebäude. Für die nötigen Ziegeleien

Ein besonderer Bahnhof. Der Bahnhof Belvedere lag nicht direkt an der Strecke, sondern konnte von den Fahrgästen nur über eine Rampe erreicht werden.

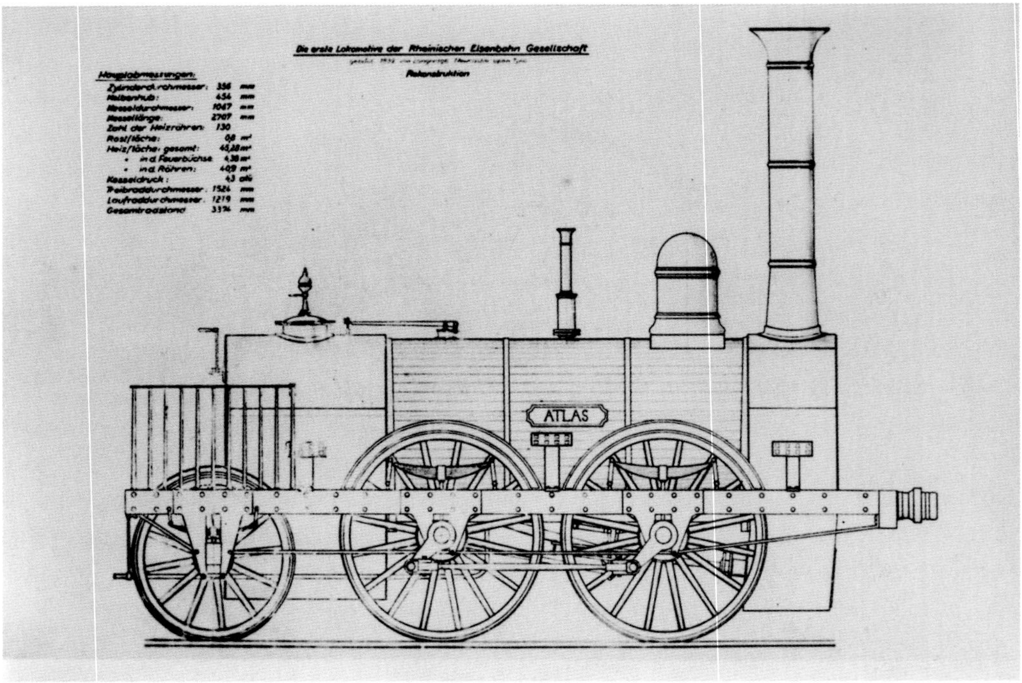

Die erste „Gesellschaftslok" der RhE kam aus England und hieß „Atlas".

kaufte die RhE geeignete Grundstücke in und um Königsdorf auf. Durch den benötigten Grund und Boden für den Trassenbau stiegen die Preise allerdings für größere Grundstücke in Köln, Düren und Aachen massiv an. Auch die Mitarbeiterzahl nahm zu, die sich bis zur ersten Streckeneröffnung auf rund 5.000 summierte. Bereits angeschaffte Fahrzeuge und Pferde setzte die RhE beim Bau von Dämmen und Tunnel ein. Während im Rheinland die Arbeiten in vollem Gange waren eröffnete die Berlin-Potsdam-Magdeburger Eisenbahngesellschaft am 29. Oktober 1838 mit der Verbindung zwischen Berlin und Potsdam Preußens erste Eisenbahn. Auch diese Strecke wurde mit Aktienkapital finanziert, zumal König Friedrich Wilhelm III. dieses neue Verkehrsmittel immer noch abschätzig betrachtete und keinen Vorteil darin sah, „ein paar Stunden früher von Berlin in Potsdam zu sein".

Dennoch zeigte sich Preußen langsam aufgeschlossener gegenüber den „feuerspuckenden Ungeheuern". Trotz der königlichen Skepsis verabschiedete Ministerpräsident Carl Friedrich Heinrich Graf von Wylich und Lottum am 3. November 1838 ein Eisenbahngesetz, das den Bau von Privatbahnen fördern, aber die privaten Gesellschaften auch stärker kontrollieren wollte. Der Zeitgeist arbeitete also für die Eisenbahn, wovon auch die RhE profitierte. Das rund sieben Kilometer lange Teilstück zwischen Köln und Müngersdorf wurde nach einigen Testfahrten mit rund 450 geladenen Gästen am 2. August 1839 feierlich eröffnet. Die Gäste erlebten vom Kölner RhE-Endbahnhof Am Thürmchen eine rund zehnminütige Fahrt zum Bahnhof

Der Königsdorfer Tunnel zwischen Groß-Königsdorf und Horrem war durch aggressives Bergwasser und Dampflokabgase so stark geschädigt, dass das Bauwerk Mitte der 1950er-Jahre abgetragen werden musste.

Belvedere in Müngersdorf. Die kurze Fahrzeit mit einer Geschwindigkeit von rund 40 km/h grenzte für die Fahrgäste damals an Hexerei.

Die nötigen Lokomotiven kamen zunächst alle aus England von der Firma Longridge, Starbuck & Co. und die Wagen von dem Aachener Unternehmen Poensgen & Talbot. Die RhE bevorzugte zunächst den Import ausländischer Fabrikate, weil die Direktion dem heimischen Lokomotivbau noch nicht so recht vertraute. Die einzige Lok aus Deutschland wurde nur für Erdtransporte eingesetzt und erwies sich als sehr defektanfällig. Die erste englische Lokomotive mit dem Namen „Atlas" traf im Mai 1839 im Kölner Sicherheitshafen ein und musste, wie damals üblich, erst einmal zusammengebaut werden. Die „Atlas" verfügte über sechs – statt der später üblichen acht – Räder, einen Zylinder von 14 Zoll Durchmesser und eine zweifache Kupplung. Noch im selben Monat kamen aus England die 180 PS starken Loks „Pluto" und „Phönix" an, damit sich das Personal vor der Eröffnung mit den Maschinen vertraut machen konnte. Für die Beförderung der Fahrgäste war eine 1. Klasse mit Polstersitzen und Glasfenstern, eine 2. Klasse mit vereinfachter Ausstattung und eine 3. Klasse mit Holzbänken, aber ohne Dach vorgesehen.

Nach der erfolgreichen Eröffnungsfahrt fuhren zwischen Köln und Müngersdorf wochentags am Vormittag zwei und nachmittags drei Züge. An Sonntagen bot die RhE eine zusätzliche abendliche Rückfahrt aus Müngersdorf an. Der Aufwand zahlte sich aus, denn bis Ende

Oktober 1839 registrierte die RhE rund 50.000 Fahrgäste, obwohl die Fahrt mit damals umgerechnet zehn Euro für die 1. Klasse relativ teuer war. Die Fahrt war aber besonders für die Passagiere der 3. Klasse ein zweifelhaftes Vergnügen. Ohne Dach über dem Kopf beschwerten sich die Reisenden über den Maschinenruß und eine gesundheitsgefährdende Zugluft. Kurzzeitig dachte die Direktion deshalb daran, die Wagen der 3. Klasse zu überdachen, verwarf diese Pläne zunächst aber wieder.

Ein Bahnhof bereitet Probleme

Nicht nur für die Reisenden, auch für die RhE verlief nicht alles wie gewünscht. In der Genehmigungsurkunde vom 12. Februar 1837 war als Standort des Kölner Bahnhofs eigentlich der Freihafen vorgesehen, der sich damals am Rheinufer zwischen der späteren Hohenzollernbrücke und der Deutzer Schiffbrücke in Höhe der Kirche St. Martin befand. Im Freihafen wurden aus Übersee gelieferte Waren zollfrei in großen Lagerhäusern aufbewahrt, bearbeitet und verkauft. Eigentlich eine ideale Situation für den Warentransport, die ja auch dem Grundgedanken Camphausens eines zollfreien Handels zwischen Köln und Antwerpen entsprach. Doch die ursprünglich geplante Trasse ins Kölner Zentrum bis zum Frankenplatz scheiterte zunächst an einem technisch nicht umsetzbaren und zu kostspieligen Plan Pickels. Die Direktion entschied sich deshalb für den Alternativvorschlag Pickels, den Bahnhof rund 1,5 Kilometer entfernt vom Zentrum in Richtung Norden zu bauen, wo die Stadtbefestigung nahe des „Sicherheitshafens" am Rhein endete. An diesem laut Pickel „schönen Punkte Kölns" befand sich das Kunibertstürmchen, das als „Weckschnapp" grausigen Legendenstatus erlangte. In dem Gefängnisgemäuer wurden früher angeblich Strafgefangene tagelang förmlich ausgehungert. Nur wer an die Decke sprang, konnte dort nach einem hängenden länglichen Brötchen, umgangssprachlich „Weck" genannt, „schnappen". Die Gefangenen sprangen jedoch fast immer vergeblich. Statt ein Weck zu erhaschen, plumpsten die Unglücklichen durch einen messerbestückten Schacht direkt in den Rhein. Während es sich bei der schaurigen Schnappgeschichte vermutlich um eine Sage handelt, war der erste Kölner Bahnhof ab August 1839 eine verkehrstechnische Tatsache.

Das Kunibertstürmchen verlieh dem Bahnhof dann auch den Namen „Am Thürmchen". Tatsache war auch, dass der hinter einer Kurve endende Kopfbahnhof einige Probleme bereitete. Der Bahnhof befand sich nahe der Kölner Festungsmauer, weshalb die Militärbehörde für das Empfangsgebäude nur einen einfachen Holzbau mit zwei Wartesälen erlaubte. Somit konnte die „Hütte" bei einem Kriegsausbruch schnell wieder demontiert werden. Der vom Stadtkern relativ weit entfernt gelegene Bahnhof zwang die RhE zudem dazu, Boote zu chartern, um die Fahrgäste vom Zentrum oder von der Schiffbrücke zum Personenbahnhof zu befördern. Die Reisenden erwartete nur geringer Komfort, denn über den drei Gleisen schützte lediglich eine Bahnsteigüberdachung vor Wind und Wetter.

Den Güterschuppen fuhren die Loks über ein Anschlussgleis mit Drehscheibe an. Der Gütertransport war für die Direktion die nächste Herausforderung, denn als im September 1841 diese Dienstleistung auf der Strecke startete, musste die Fracht zwischen Bahnhof und Zollhafen erneut mit Fuhrwerk, Kähnen oder Segelschiffen hin- und hertransportiert werden.

Nicht nur Hansemann ärgerte sich über diese umständliche Beförderungspraxis, auch Camphausen als emsiger Vertreter Kölner Interessen befürchtete eine „ungeheure Hemmnis" für den Handel der Wirtschaftsmetropole Köln. Nicht nur wegen dieser Schwierigkeiten sollte der „Thürmchenbahnhof" keine Dauerlösung bleiben.

Ein Bahnhof mit „schöner Aussicht"

Die zweite Station des ersten Abschnittes fiel optisch ziemlich aus dem Rahmen. Die auf einer Anhöhe errichtete Müngersdorfer Station Belvedere verfügte über keine eigenen Gleisanlagen, sondern die Fahrgäste mussten eine lang gezogene Rampe nutzen, weil die Loks damals eine solche Steigung nicht schafften.

Für die Mühen wurden die Menschen dann aber, wie der Name schon sagt, mit einer „schönen Aussicht" auf das Kölner Stadtpanorama entschädigt. Der optisch ungewöhnliche Personenbahnhof resultierte aus dem Umstand, dass zu diesem Zeitpunkt niemand in Deutschland wusste, wie so ein Gebäude überhaupt aussehen musste. Die Planer griffen deshalb zunächst auf die bereits bekannten Formen der Poststationen zurück. Das Belvedere sollte zudem den Kölnern zur „Belustigung" dienen, weshalb zur Anlage ein großzügiger Park sowie eine Gaststätte samt Aussichtsbalkon gehörten. Doch der Vergnügungs-Verkehr erwies sich bald als veritabler Flop. Schon nach wenigen Monaten lockte die schöne Aussicht immer weniger Ausflügler. Das sinkende Interesse sorgte für steigende Verluste und so verwandelte sich das anfangs belebte Gebäude bereits im Sommer 1840 in einen „Geisterbahnhof".

Während am 2. Juli 1840 der zweite Abschnitt Müngersdorf–Lövenich folgte, waren die Arbeiten für die Weiterfahrt nach Aachen bereits in vollem Gange. Zu den Grundstücksbesitzern, die Land an die RhE abgeben mussten, gehörte ein gewisser Ignaz Eduard Graf Berghe von Trips, ein Vorfahre des berühmten Formel-1-Piloten Wolfgang Berghe von Trips, der 1961 in Monza tödlich verunglückte. Um ein zügiges Fortkommen zu gewährleisten, mussten die Arbeiter jetzt auch sonntags arbeiten, wozu der Kölner Erzbischof erst seinen „Segen" erteilen musste. Doch nun begannen die nächsten bautechnischen Komplikationen, denn dem Weiterbau der Trasse stand der Villerücken als steigungsträchtiger Höhenzug im Weg. Dieses Hindernis wollte die Gesellschaft zunächst mittels einer Steilrampe und stationären Dampfmaschinen überwinden. Doch dann entschied sich die Direktion für den Bau eines 1.623 Meter langen Tunnels zwischen Groß-Königsdorf und Horrem. Problematisch war allerdings, dass der Höhenrücken in diesem Bereich aus feinem Quarzsand bestand. Über 1.000 Arbeiter errichteten mit über 20 Pferden in schweißtreibender Schufterei den Tunnel in Kernbauweise mit zwei Stollen an beiden Enden und fünf Schächten zur Entlüftung. Durch den immensen Bedarf an Ziegeln und Arbeitskräften entwickelte sich der Königsdorfer Tunnel zum kostspieligsten Bauwerk der Strecke, galt aber gleichzeitig als technische Meisterleistung. Das Meisterwerk hielt sich aber nur bis Mitte der 1950er-Jahre und wurde aufgrund schwerer Schäden und der bevorstehenden Elektrifizierung abgetragen.

Eine weitere Herausforderung war der Burtscheider Viadukt, der über dem Wurmtal zwischen dem Aachener Hauptbahnhof und dem Bahnhof Aachen Rothe Erde gebaut wurde. Das von Pickel und Franz Wittfeld entworfene 277 Meter lange sowie 16 Meter hohe Bauwerk war vollständig aus Backstein gemauert. Die imposante Brücke entstand in zweijährige Bauzeit und gilt als erster deutscher Eisenbahnviadukt.

Ein herausragendes Bauwerk war zudem die mittels stehender Dampfmaschine überwundene Steilrampe bei Ronheide mit dem ersten elektrischen Telegrafen Europas. Bombastische Bauwerke und Bahnhöfe sollten für die RhE-Strecken auch künftig ein Markenzeichen sein. Der mitunter überdimensionierte und kostenträchtige Baustil brachte die Gesellschaft öfter in finanzielle Nöte. So war für die Strecke von Köln nach Aachen der ursprüngliche Kapitalbedarf von rund zwei Millionen Talern bis 1840 bereits auf das Dreifache gestiegen, was die Aktionäre zusehends beunruhigte. Die RhE-Aktien waren zudem immer wieder von Kursstürzen betroffen, was unter anderem durch den Verkauf von 4.000 Wertpapieren an Belgien kompensiert wurde. Noch während der Bauzeit reiste RhE-Vize Hansemann im Sommer 1840 nach Berlin, um für seine Gesellschaft eine Anleihe von weiteren 2,5 Millionen Taler lockerzumachen. Überraschend erhielt Hansemann während seines Aufenthaltes den Besuch zweier Mitglieder eines Eisenbahnkomitees, die ihn baten, sich um ein schon länger geplantes Projekt zu kümmern: eine Eisenbahn, die von Köln über Minden an die Weser führen sollte. Dieses verheißungsvolle Projekt wurde für die RhE eine Zeit der Irrungen und Wirrungen mit dem Ergebnis, dass sich die Gesellschaft unfreiwillig neue Konkurrenz ins Eisenbahngeschäft holte.

Der Eschweiler Bahnhof erhielt ein opulentes Empfangsgebäude und für die Fahrgäste bestand ab 1897 eine Umstiegsmöglichkeit zur Aachener Straßenbahn.

Rheinisches Intermezzo oder der Reinfall mit Rhein-Weser

Aufbruchstimmung herrschte im Garten der Elberfelder Museumsgesellschaft, als im August 1826 der Wittener Unternehmer Friedrich Harkort den Anwesenden eine Sensation präsentierte: das Modell einer einschienigen Schwebebahn, erbaut von Harkort nach dem System des englischen Ingenieurs Henry Robinson Palmer. Harkort hatte das schon recht fortgeschrittene englische Eisenbahnwesen wie auch Pickel während eines Besuches kennengelernt. Inspiriert von dieser viel versprechenden Verkehrstechnologie veröffentlichte Harkort im Frühjahr 1825 in der Zeitschrift „Hermann" den Artikel „Eisenbahn". Mit diesem Verkehrsmittel, so Harkort, könne innerhalb von zweieinhalb Stunden die von der Industrie benötigte Kohle von Elberfeld nach Düsseldorf transportiert werden. Und noch einen weiteren Vorteil sah Harkort ebenso wie Camphausen: „Man verbindet Elberfeld, Köln und Duisburg mit Bremen oder Emden und Hollands Zölle sind nicht mehr."

Maschinenfabrikbesitzer Harkort beantragte deshalb als Abgeordneter des westfälischen Provinziallandtags am 4. Januar 1831 den Bau einer Eisenbahn von Minden bis Lippstadt, die in Richtung Ruhr, Wupper und Rhein fortgesetzt werden sollte. Der Landtag stimmte zu, doch

Friedrich Harkorts ursprünglicher Plan für eine Eisenbahn von Köln nach Minden.

Friedrich Harkorts aus England importiertes Modell einer Pferde-Schwebahn sorgte für Furore.

Preußen wollte sich nur an den Vermessungsarbeiten beteiligen und Aktienanteile übernehmen. Mindener Honoratioren gründeten dennoch unverdrossen im Herbst 1832 das „Komitee zur Eisenbahnanlage zwischen Rhein und Weser“. Harkort verfasste ein Jahr später eine weitere Denkschrift mit dem Titel „Die Eisenbahn von Minden nach Köln“.

Doch das Projekt stand erneut vor einer Zerreißprobe, denn mittlerweile existierte der Streckenplan einer Eisenbahn zwischen Düsseldorf und Elberfeld mit Weiterbau nach Witten. Als Antwort auf dieses Konkurrenzprojekt gründete sich im September 1836 die Rhein-Weser-Eisenbahnaktiengesellschaft (RWEAG). Die RWEAG wies den älteren und umfassenderen Plan vor, hatte bereits Geldgeber akquiriert und erhielt somit am 21. August 1837 die erhoffte Konzession. Die Elberfelder Abteilung zog danach ihre Beteiligung aus dem Projekt zurück und verfolgte nun ihre eigenen Eisenbahnpläne. Zudem sollte diese projektierte Linie jetzt in Köln und nicht wie ursprünglich geplant in Düsseldorf enden, weshalb sich auch die Düsseldorfer aus der Gesellschaft verabschiedeten.

Durch das 1838 verabschiedete Eisenbahngesetz waren aber erschwerte Bedingungen an den privaten Eisenbahnbau geknüpft. Dazu zählte eine staatliche Beteiligung an den Postbeförderungseinnahmen sowie die Mitbestimmung bei Tarifen und Fahrplänen. Bestimmen würde der Staat auch den Streckenverlauf und das, ohne im Gegenzug den Eisenbahnbau finanziell zu unterstützen. Die aufgeschreckten Aktionäre fürchteten um ihre Rendite und zahlten nicht mehr in das Projekt ein. Finanziell ausgeblutet stoppte die RWEAG im Dezember 1838 alle Arbeiten und die Konzession erlosch. Der seit einem Jahr amtierende König Friedrich Wilhelm IV. genehmigte stattdessen im Juni 1840 eine Linie, die über Magdeburg, Braunschweig und Hannover auch in den Westen Preußens führen sollte. Damit war wieder die Stadt Köln im Spiel, die bislang nur durch die RhE über eine Eisenbahn verfügte. Hansemann, der im November 1839 als Präsident der Aachener Handelskammer zurückgetreten war, wurde hellhörig.

Hansemann richtete am 17. August 1840 eine Denkschrift an Finanzminister Albrecht Graf von Alvensleben mit dem Vorschlag, dass die RhE die Strecke bauen und auch verwalten könne. Hansemann verband damit die Vision, dass die RhE nach der Fertigstellung ihrer Verbindung

Der Gewinner: Nicht die Rheinische, sondern die Köln-Mindener Eisenbahngesellschaft eröffnete am 20. Dezember 1845 im damals noch selbstständigen Deutz den Kopfbahnhof für die Verbindung nach Minden.

Köln–Herbesthal die gesamte Strecke von Minden über Köln bis Belgien kontrollieren würde. Die Finanzierung von Köln–Minden sollte wie üblich durch Aktien und staatliche Zinsgarantien ermöglicht werden. Von Alvensleben war damit ebenso einverstanden wie die RhE. Die Direktion stellte deshalb am 10. Dezember 1840 nochmals ein Gesuch an das Ministerium, dass „der König geruhen möge, der Rheinischen Eisenbahngesellschaft einige Begünstigungen und Unterstützungen, deren Umfang bis zur Landesgrenze bleiben möge, huldreich zu gewähren, wenn sie die Weiterführung der Rheinischen Eisenbahn von Köln bis zur Landesgrenze bei Minden übernehme".

Das Ministerium erteilte der RhE am 21. Januar 1841 die gewünschte Genehmigung „für den Fall, dass dieselbe die Weiterführung ihrer Bahn von Köln nach Minden beschließen sollte".

Ein wichtiger Knotenpunkt im Bergischen Land: der einstige BME-Bahnhof Wuppertal-Elberfeld, der im Juli 1962 bereits für die kommende Elektrifizierung vorbereitet wird.

Das neue Reich der Rheinischen

Mit dieser Genehmigung in der Tasche reiste Hansemann wochenlang in alle größeren Städte der geplanten Linie und überzeugte die Ansprechpartner, sich finanziell zu beteiligen. Alles verlief bis dahin nach Hansemanns Vorstellungen und die RhE beschloss bei ihrer Sitzung am 4. März 1841 wie erhofft die „Weiterführung der Rheinischen Bahn nach Minden". Bei der darauffolgenden Generalversammlung betonte Hansemann die Wichtigkeit der Köln-Mindener Bahn als „Mittelglied einer großen Kette zwischen Ostsee und Nordsee, Belgien und den Rheinstädten sowie Österreich und Bayern". Das neue Reich der Rheinischen nahm immer mehr gedankliche Gestalt an.

Sogar Camphausen, der zuvor als Komiteemitglied das Ende des Rhein-Weser-Unternehmens erlebt hatte, lobte den einstigen Widersacher: „Meine Achtung vor den Gaben und dem Glück von Hansemann steigt immer höher."

Das Finanzministerium dachte ähnlich und überwies für die im Sommer 1841 startenden Vorarbeiten zunächst 40.000 Taler. Hansemanns Mitarbeiter, aufgeteilt in fünf Hauptabteilungen, untersuchten in mühseliger Kleinarbeit die Kosten und möglichen Erträge der angedachten Linien, wobei sich drei Hauptrichtungen herauskristallisierten: Elberfeld sowie Duisburg–Hamm und Duisburg–Soest.

Hansemann agierte während dieser Aufbruchstimmung praktisch unter dem Brennglas, denn Politiker und Unternehmer beobachteten genau, ob das neue Projekt endlich erfolgreich oder wie das Rhein-Weser-Projekt scheitern würde. Und Hansemann musste die ersten Nackenschläge einstecken. Von dem veranschlagten Aktienkapital von sieben Millionen Taler waren im August 1841 nur rund eine Million Taler gezeichnet, die Hälfte davon allein durch die Elberfelder Fraktion, die natürlich hoffte, dass die Gesellschaft die Gleise der bald fertiggestellten Düsseldorf-Elberfelder Linie nutzen würden.

Ein Hilferuf verhallt ins Leere

Doch ausgerechnet diese Variante wurde für die überregionale Rhein-Weser-Bahn wegen der laut Hansemann ungünstigen Neigungs- und Krümmungsverhältnisse frühzeitig aussortiert. Hansemann sprach sich sogar dagegen aus, wegen der schwierigen Steigungsverhältnisse, Elberfeld überhaupt zu berühren. Von Alvenlebens Nachfolger Carl von Bodelschwingh bestätigte dann am 23. Mai 1843 der RhE-Direktion, dass sich der König für die Richtung über Duisburg entschieden hätte, weil Elberfeld zu kostspielig und nur „mangelhafte Betriebsverhältnisse" erreichen würde. Hansemann rieb sich schon die Hände, doch seine Gegner wetzten wieder die Messer. Die Elberfelder warnten die Regierung, dass die RhE so ein aufwendiges Projekt finanziell nicht stemmen könne, weil die kostspieligen Bauten der noch nicht fertiggestellten Strecke von Köln nach Herbesthal einen erhöhten Kapitalbedarf erfordern.

Hansemann drängte die Regierung deshalb, jetzt Nägel mit Köpfen zu machen, weil die RhE das Personal bei einer zu langen Verzögerung nicht mehr beschäftigen könne. Hansemanns Hilferuf verhallte jedoch ins Leere. Bodelschwingh erklärte kurz darauf, dass er die Verschmelzung der RhE mit dem neuen Unternehmen nicht befürworte. Hansemann stellte daraufhin alle Vorarbeiten ein.

Anzeigen.

Rheinische Eisenbahn-Gesellschaft.

Bekanntmachung.

Um Mißverständnissen vorzubeugen, wird hiermit zur öffentlichen Kenntniß gebracht, daß die an den 1., 2. und 3. September Statt findenden Eisenbahnfahrten nur ausschließlich für die zu dem Festzuge Eingeladenen bestimmt sind und die Eröffnung für das Publikum erst am 6. September Statt finden wird, worüber wir uns die nähere Anzeige vorbehalten.

Aachen, den 31. August 1841.

Die Direktion der Rheinischen Eisenbahn-Gesellschaft. (4510.)

Rheinische Eisenbahn-Gesellschaft.

Bekanntmachung.

Mit Bezugnahme an das in der Stadt-Aachener Zeitung vom 29. curr. bekannt gemachte Programm der Festlichkeiten bei Eröffnung der Eisenbahnstrecke zwischen Köln und Aachen ersuchen wir die von hieraus sich dem Zuge anschließenden Personen sich

spätestens 1/4 vor 6 Uhr

auf dem hiesigen Bahnhofe einzufinden, indem die Abfahrt des Zuges nach Köln präzise **6** Uhr erfolgen wird und die später erst Eintreffenden sich es selbst zuzuschreiben haben, wenn sie nicht mitgenommen werden können.

Effekten können nicht mitgenommen werden.

Die Einladungskarten dienen zugleich als Eintrittskarten in die Bahnhöfe und sind am Eingange derselben vorzuzeigen, indem ohne diese der Eintritt nicht gestattet werden kann. Die Karten sind nur für die darauf bezeichneten Personen gültig.

Die gewöhnlichen Karten zur Besichtigung der Eisenbahnanlagen sind an den Tagen des 1., 2. und 3. Septembers ungültig.

Aachen, den 30. August 1841.

Die Direktion der Rheinischen Eisenbahn-Gesellschaft. (4511.)

Die RhE-Direktion lädt für den 6. September 1841 zu öffentlichen Publikumsfahrten zwischen Köln und Aachen ein.

Frustriert initiierte er am 23. August 1843 die Ostrheinische Eisenbahngesellschaft, die, auf Anordnung von Kronprinz Wilhelm, am 18. Dezember 1843 in die endgültig konzessionierte Köln-Mindener Eisenbahngesellschaft umbenannt wurde. Die Finanzierung wurde durch Aktenzeichnungen und Staatsbeteiligung gesichert und der erste Abschnitt von Köln nach Düsseldorf am 20. Dezember 1845 eröffnet. Hansemann hatte diese Linie zwar praktisch auf den Weg gebracht, aber durch sein finales Scheitern mit der KME einen neuen Konkurrenten erschaffen.

Und der nächste Rivale scharrte schon mit den Hufen. Die Komitees aus Elberfeld und Barmen schäumten vor Wut, denn durch die königliche Entscheidung drohte das Wuppertal weiter eisenbahnlos zu bleiben. Zielscheibe des Zorns war natürlich Hansemann. Die Kritiker warfen ihm vor, mit zweierlei Maß zu agieren, denn für die Bahn von Köln nach Belgien hatte er ja trotz höherer Kosten auf einen Anschluss nach Aachen beharrt und durchgesetzt.

Eine Delegation verhandelte deshalb in Berlin für die Eisenbahnlinie von Elberfeld nach Dortmund und Witten. In Dortmund sollte die Linie an die geplante KME-Strecke und die dortigen Kohlengruben der Ruhr angeschlossen werden. Im Oktober 1843 gründeten 145 Aktionäre die Bergisch-Märkische Eisenbahngesellschaft, die am 12. Juli 1844 die gewünschte Konzession erhielt. Mit dem Eisenbahnbau durch das Wuppertal wurde umgehend begonnen. Der erste Teilabschnitt von Elberfeld nach Schwelm wurde am 9. Oktober 1847 eröffnet und ein Jahr später an die Düsseldorf-Elberfelder Strecke in Steinbeck angeschlossen. Die BME sollte fortan neben der KME zum ärgsten Gegner der RhE werden und der Gesellschaft in einigen Regionen die Eisenbahngeschäfte mehr als schwermachen. Hansemann erwies der Gesellschaft somit unfreiwillig einen Bärendienst.

Der Plan für den Aachener Bahnhof aus dem Jahr 1841 mit Stationshaus, Lok-Werkstatt und Schienenlager.

Die schönen neuen Häfen

Ungeachtet der zahlreichen Ränkespiele um die Köln-Mindener Verbindung ging es mit dem Eisenbahnbau zwischen Köln und Aachen weiter voran. Die Loks konnten am 22. August 1841 probeweise die gesamte Strecke befahren. Dann krachte es wieder zwischen Köln und Aachen, denn die Aachener Direktoren hatten laut „Aachener Zeitung" bereits am 2. August eine inoffizielle Eröffnungsfahrt zwischen Aachen und Düren mit 150 Gästen durchgeführt. Während die Kölner Fraktion die Aachener Abteilung als „verantwortungslos" tadelte, weil die Strecke zu diesem Zeitpunkt noch nicht fertig und deshalb nicht betriebssicher war, argumentierte die Gegenseite, dass so ein „Vorfest" die Teilnehmerzahl bei der offiziellen Eröffnungsfahrt erhöhen werde. Und außerdem, so die Aachener, hätten die Kölner ja am 2. August 1839 ebenfalls mit einer unfertigen Bahn eine kostspielige Eröffnungsfahrt von Köln nach Müngersdorf veranstaltet.

Allen Konflikten zum Trotz ging die RhE-Rechnung auf: Die Verbindung war von den Industrie- und Handelsbetrieben derart herbeigesehnt worden, dass die Beteiligten Anfang September 1841 den Bahnanschluss zwischen Köln und Aachen drei Tage lang mit Opernaufführung, Festbankett und Feuerwerk feierten. Die Eröffnungsfahrten mit den Lokomotiven „Herkules", „Rhein" und „Vorwärts" waren gut besucht. Die Züge rollten dann ab dem 6. September erstmals offiziell zwischen Köln und Aachen. Am 15. Oktober 1843 überschritt die

Die Eisenbahn ist in Aachen angekommen. Dieser Stich aus dem Jahr 1860 ermöglicht einen wunderbaren Panoramablick auf die Stadt und den prächtigen Rheinischen Bahnhof.

Der eindrucksvolle belgische Bahnhof Herbesthal beherbergte unter anderem Postsortierzentrum, Pferdeverladung und Fürstenzimmer.

Rheinische Bahn dann die belgische Grenze mit dem fertiggestellten Anschluss nach Herbesthal, wo ein Anschluss nach Lüttich und Antwerpen bestand. Auch hier gab es anlässlich der Eröffnung wieder Festfahrten zwischen Köln und Antwerpen. Belgiens Handelsminister für öffentliche Arbeiten Adolphe Dechamps jubelte während der Feierlichkeiten über die internationale Zusammenarbeit geradezu euphorisch: „Unsere Eisenbahn gibt ihnen neue Häfen, die schöner sind als Hamburg und freier als Rotterdam."

Die Verbindung zwischen Köln und Herbesthal war somit, wie von Camphausen erhofft, die Geburtsstunde des grenzüberschreitenden Schienenverkehrs in Europa. Die Streckeneröffnung ermöglichte aber nicht nur den Anschluss an das gut ausgebaute belgische Eisenbahnnetz, sondern ab 1846 auch Verbindungen über Lille nach Paris. Die Fahrt von Köln nach Aachen dauerte damals drei, die Fahrt nach Lüttich rund sieben Stunden.

Nach den ersten vier Monaten bilanzierte die Direktion bereits über 110.000 Fahrgäste, die in rund 470 Zügen unterwegs waren, was der Gesellschaft einen Ertrag von rund 63.000 Talern erbrachte. Der Güterverkehr rentierte sich ebenfalls, wobei die Güterzüge vorwiegend Kohle aus Eschweiler und Roheisen aus Belgien transportierten. Und die Eisenbahn war zudem durch ihre Dampfloks einer der größten Kohlekonsumenten. Dieser Erfolg und die dadurch notwendige Entlastung des stetig wachsenden Zugverkehrs zwangen die Gesellschaft, ihre erste Strecke bis 1852 auf der gesamten Länge zweigleisig auszubauen. Neben den stetigen Verbesserungen der stellenweise noch mangelhaften Anlagen summierten sich die Kosten des Bahnbaus

Eupens erster Bahnhof entstand 1864, der mit der Verlängerung nach Raeren 1887 durch eine größere Anlage ersetzt wurde.

bis 1855 auf rund zehn Millionen Taler. Neben den vielen Befürwortern der Eisenbahn äußerten sich aber auch kritische Stimmen über das profitorientierte Bahnbausystem der Privatgesellschaften. „Es zeigt sich, dass bei weitem die meisten Privatgesellschaften, die im Besitz von Eisenbahnlinien sind, die schönen Reden von Beförderung des allgemeinen Nutzens längst vergessen haben und ihr einziges Streben auf Steigerung ihrer Gewinne und eine rücksichtslose Ausbeutung des Publikums gerichtet sind", schrieb 1847 die „Leipziger Illustrierte Zeitung".

Ein preisgekrönter Bahnhof

Die RhE baute jedoch trotz der gelegentlichen Kritik unbeirrt weiter. Nicht nur die großen Städte Köln, Aachen und Antwerpen, auch das belgische Dorf Herbesthal mit damals nur rund 300 Einwohnern profitierte davon. Die RhE spendierte dem Ort als ersten Grenzbahnhof Europas wegen seiner internationalen Bedeutung ein imposantes Stationsgebäude, in dem sich das gemeinsame Abfertigungsbüro der belgischen und rheinischen Bahnverwaltung befand. Die Zahl der Zollbeamten am Bahnhof wuchs ebenso an wie die Einwohnerzahl der Ortschaft. Die RhE baute den Bahnhof unter anderem mit einer internationalen Postsammelstelle, einem Betriebswerk und einer Bahnmeisterei kontinuierlich aus. Rund um den neuen attraktiven Standort siedelten sich Zollagenturen, Transportunternehmer und Kolonialwarengeschäfte an. Für das Bahnpersonal entstand eine Wohnsiedlung und für die wachsende Bevölkerung

Auf dieser Postkarte firmiert der Aachener Bahnhof noch als „Rheinischer", doch es handelt sich bereits um den 1905 fertiggestellten neuen Hauptbahnhof.

wurden ein Schulgebäude sowie ein Gemeindehaus gebaut. Die Prominenz verweilte im Bahnhofsgebäude im eingerichteten „Fürstenzimmer". 1907 entstand in Herbesthal das erste europäische Postsortierzentrum und der Bahnhof erhielt für seine elektrische Blumenuhr 1933 den „Gare Fleurie", einen Preis für besonders schön begrünte Bahnhöfe.

Endlich geht's nach Eupen

Die RhE baute von Herbesthal aus dann auch die schon länger geforderte und in der Konzession von 1838 erwähnte Stichstrecke nach Eupen, die am 1. März 1864 eröffnet wurde. Eupens Status als Kopfbahnhof beendete nach der RhE-Verstaatlichung die Staatsbahn ab dem 3. August 1887 mit der Verbindung über Raeren nach Walheim als Teilstück der sogenannten Vennbahn. Die Züge dieser Dreiländerbahn durch Deutschland, Luxemburg und Belgien mündeten ab 1885 über Walheim zwischen Aachen und Stolberg in den Bahnhof Rothe Erde. Von Rothe Erde bog zudem ab dem 31. Dezember 1875 die von der Aachener Industriebahn-Gesellschaft erbaute Güterstrecke nach Haaren ab.

Auch andere Bahnhöfe der Strecke entwickelten sich zu bedeutenden Eisenbahnknoten, wozu der Rheinische Bahnhof in Aachen zählte. Deutschlands erster Zollbahnhof lag vor den

Die Westausfahrt des Aachener Hauptbahnhofs verlässt am 28. Juli 1967 die 03 248, während eine belgische 205 vor D 467 nach Ostende wartet.

Stadtmauern Aachens in der Nähe des Marschiertores, dem Südtor der äußeren Stadtmauer. Vor dem schlossähnlich anmutenden Empfangsgebäude existierte ein Hofraum für die ankommenden und abgehenden Fahrgäste und die Schienen des Betriebsbahnhofs mit Güterverladung und Lokschuppen weiteten sich später bis in Richtung Burtscheid aus.

Schon vor der ersten Streckeneröffnung war Aachen förmlich vom Eisenbahnbaufieber befallen. Der RhE-Bahnhof bekam deshalb bald Konkurrenz und das sozusagen „hausgemacht". Der stetige Unruhegeist unter dem Dach der Direktion war wieder Hansemann, der im Januar 1844 aus dem Vorstand zurücktrat. Dem umtriebigen Eisenbahnlobbyisten war die Vorherrschaft Kölns in der Gesellschaft nach wie vor ein Dorn im Auge, weshalb er als Präsident der Aachener Handelskammer gleich zwei Eisenbahnprojekte unterstützte. Da war zum einen die schon seit 1831 vom Aachener Unternehmer James Cockerill angestrebte Strecke von Aachen nach Maastricht, die eine Verbindung zu den niederländischen Wasserstraßen ermöglichen sollte. Hansemann entwarf außerdem gedanklich eine westliche Verbindungsbahn, die Aachen über eine feste Rheinbrücke später mit der seit dem 20. Dezember 1838 teileröffneten Düsseldorf-Elberfelder Eisenbahn und damit auch der KME-Strecke verknüpfen sollte.

Aus diesen Visionen entstand 1846, mit Hansemann als Vorstandsmitglied, die Aachen-Düsseldorfer Eisenbahn-Gesellschaft, die nach Hansemanns Austritt zwei Jahre später von der

Konkurrenz für die „Rheinische": Der 1858 entstandene Bahnhof Aachen-Templerbend der Aachen-Mastrichter Eisenbahngesellschaft.

Königlichen Direktion der Aachen-Düsseldorf-Ruhrorter Eisenbahn-Gesellschaft (KDADRG) übernommen wurde. Die KDADRG eröffnete diese Verbindungsbahn am 17. Januar 1853 von Aachen zunächst bis nach Oberkassel, einem späteren Stadtteil Düsseldorfs. Eigens für diese Trasse entstand in Aachen nahe der RhE-Station der Bahnhof Marschiertor. Um diese beiden Bahnhöfe zu verbinden, verlief ein Gleis direkt am Bahnhof Marschiertor vorbei zur Strecke Köln–Aachen. Für die Strecke Aachen–Maastricht baute die 1845 gegründete Aachen-Maastrichter Gesellschaft (AMEG) in der Nähe des Aachener Pontores den Bahnhof Templerbend, der am 14. Februar 1858 fertiggestellt war. Diese erste Linie von den Niederlanden ins Ausland endete mit der Strecke Aachen–Düsseldorf am Bahnhof Marschiertor. Um Platz für mehr Güterverkehr zu schaffen, baute die Staatsbahn vom Bahnhof Rothe Erde eine Güterstrecke, die am 1. April 1895 bis zum neu gebauten Moltkebahnhof führte. Für diese neue Umladestation wurden die Gütergleise der Bahnhöfe Marschiertor und Templerbend aufgegeben.

Neue Strecken für Stolberg

Noch weitaus komplexer verzweigten sich die Gleise des Bahnhofs Stolberg, der auf Druck der ansässigen Industriebetriebe entstanden war. Stolberg diente neben dem Personentransport als Umschlagplatz für die begehrte Eschweiler Steinkohle und diverse Stolberger Industrieprodukte, aber auch für Viehtransporte. Der Güterverkehr nahm schnell zu, weshalb die RhE östlich des

Als auf den Bahnsteigen noch Blumenbottiche standen, wartet am 7. Februar 1981 in Stolberg der Akkutriebwagen 515602 auf neue Fahrgäste.

Bahnhofs 1867 eine Verschiebemöglichkeit baute. Die Gesellschaft begann zudem von Stolberg aus weitere Strecken zu errichten. Dazu zählte ein Abzweig nach Alsdorf. Diese Zweigbahn forderten die Alsdorfer Grubenbesitzer schon seit der Eröffnung der Strecke Köln–Aachen, was die RhE aber zunächst wegen mangelnder Gewinnaussichten vehement abgelehnt hatte.

Die Grubenbesitzer griffen deshalb zur Selbsthilfe. Der Eschweiler Bergwerksverein (EBV), seit 1863 Besitzer der Grube „Anna", baute für den Kohletransport zunächst einen Weg für Pferdefuhrwerke zum Bahnhof Herzogenrath der Aachen-Düsseldorfer Strecke. Dieser Transportweg war aber nur eine Notlösung, denn bei Regen und Schnee versanken die Fuhrwerke auf den mangelhaft befestigten Straßen in Matsch und Eispfützen. Die Verhandlungen mit der RhE kamen dennoch nicht voran, sodass der EBV notgedrungen Gleise für Kohlenwagen baute, die ironischerweise wiederum von Pferden gezogen wurden. Schließlich „erbarmte" sich die RhE. Nachdem Preußen die Konzession im September 1868 erteilt hatte, wurde die Strecke von Stolberg nach Alsdorf am 29. Dezember 1870 eröffnet. Der Personenverkehr fuhr erst ab dem 5. Januar 1872 über die Gleise.

Schon zuvor hatte die RhE für den Bau der Strecke Stolberg–Stolberg-Spiegelmanufaktur mit dem französischen Staatskonzern Saint-Gobain kooperiert, der 1863 die Aachener Spiegelmanufaktur gekauft hatte. Der Konzern baute danach ein neues Werk im Schnorrenfeld an der Einmündung des Vichtbachs in den Fluss Inde. Die Strecke wurde am 11. Dezember 1867 nur für den Güterverkehr eröffnet. Nach der Verstaatlichung verlängerte Preußen die Strecke dann am 21. Dezember 1889 bis nach Hahn, wo die Trasse mit der am 1. Juli 1885 fertiggestellten Vennbahn von Aachen Rothe Erde über Walheim, Raeren bis Eupen zusammentraf. Von dieser sogenannten Stolberger Talbahn bog ab 1887 auf Höhe der Spiegelmanufaktur zudem eine weitere Güterstrecke nach Münsterbusch ab. Diese am 1. Juli 1887 eröffnete Stichbahn überwand den Höhenunterschied zum Kopfbahnhof Münsterbusch durch eine platzsparende Spitzkehre. Damit gehörte Münsterbusch in Nordrhein-Westfalen zu den wenigen Spitzkehrenbahnhöfen.

Das belgische Raeren war als Grenzbahnhof einst ein wichtiges Bindeglied zwischen Aachen und Eupen. Am 9. Dezember 1986 stehen hier (v.l.) SNCB 8424, SNCB 5536 und 215117.

Rheinische Eisenbahn.

Vom 5. Januar 1872 ab wird die secundaire

Zweigbahn von Stolberg nach Alsdorf

dem Personen- und Güterverkehr übergeben und zwar nach untenstehendem Fahrplane.

Entfernung Meilen	Entfernung Kilometer	Tarif Einzelbillet II. Cl. Sgr.	Tarif Einzelbillet III. Cl. Sgr.	Tarif Retourbillet II. Cl. Sgr.	Tarif Retourbillet III. Cl. Sgr.	III. Cl. 1 Tag gültig	Stationen	Güterzüge mit Personenbeförderung in II. und III. Classe Nachmittag	Nachmittag	Vorm.
							von Cöln in Stolberg	7 15	10 39	3 14
							„ Aachen in Stolberg	7 14	9 49	2 29
							Stolberg . . . Abf.	7 20	11 —	3 20
1,117	8,81	6	4	9	6	5	Hoengen (Haltest.) „	8 8	11 48	4 8
1,70	12,80	8	6	12	8	—	Alsdorf . . . Ank.	8 30	12 10	4 30

Entfernung Meilen	Entfernung Kilometer	Tarif Einzelbillet II. Cl. Sgr.	Tarif Einzelbillet III. Cl. Sgr.	Tarif Retourbillet II. Cl. Sgr.	Tarif Retourbillet III. Cl. Sgr.	III. Cl. 1 Tag gültig	Stationen	Güterzüge mit Personenbeförderung in II. und III Classe Vorm.	Nachmittag	Nachmittag
							Alsdorf . . . Abf.	9 —	1 10	5 45
0,53	3,99	2½	2	4	3	2½	Hoengen (Haltest.) „	9 22	1 32	6 7
1,70	12,80	8	6	12	8	—	Stolberg . . . Ank.	10 10	2 20	6 55
							von Stolberg n. Cöln	12 55	2 30	7 51
							„ Stolberg n. Aachen	10 40	3 15	7 35

Der Gütertarif kann auf den Stationen entnommen werden.

Cöln, den 1. Januar 1872.

Die Direction.

Eine „secundaire Zweigbahn“: Der Personenverkehr von Stolberg nach Alsdorf wurde am 5. Januar 1872 offiziell eröffnet.

Nachdem auch die Grube „Anna“ endlich ihren Bahnanschluss erhalten hatte, blühte der Bergbau in der Umgebung weiter auf. So entstand unter anderem im Jahr 1880 die Grube „Nordstern“ zwischen Alsdorf und Merkstein. Die Eisenbahn fuhr bis dato von Stolberg nur bis Alsdorf, weshalb die Kohle nach Herzogenrath auch hier per Pferdebahn transportiert wurde. Den ersehnten Lückenschluss baute dann ebenfalls die Staatsbahn mit der am 15. Juli 1891 eröffneten Verlängerung von Alsdorf nach Herzogenrath.

Die Gesellschaft erhält Gesellschaft

Die RhE bekam auch in Stolberg zusätzlich Gesellschaft der eher unliebsamen Art – nämlich durch die BME. Mit der Übernahme der Strecken um Mönchengladbach sowie der Aachen-Düsseldorfer Gesellschaft verpflichtete sich die stetig expandierende, allerdings seit Oktober 1850 durch die „Königliche Eisenbahndirektion der Bergisch-Märkischen Eisenbahn zu Elberfeld“ staatlich verwaltete BME gegenüber dem Handelsministerium, eine neue Bahnstrecke von Mönchengladbach nach Stolberg zu bauen. Dadurch war die BME 1873 auch im Aachener Revier angekommen. Die BME-Gleise der sogenannten Inde-Talbahn führten zwischen Eschweiler und Weisweiler dicht an der Strecke Köln–Aachen vorbei. Der erbitterte Konkurrenzkampf zwischen RhE und BME schwelte also weiter.

Das konfliktreiche Konkurrenzgehabe, die vermeintlichen Verzögerungstaktiken und die scheinbare Profitgier der Eisenbahngesellschaften verärgerten viele Industriebetriebe, die deshalb die Sache selbst in die Hand nahmen. Die Aachener Hütten- und Grubenbesitzer gründeten im April 1873 die Aachener Industriebahn-Gesellschaft. Bereits ein Jahr später begann die Gesellschaft mit dem Bau der Strecke von Aachen-Nord über Haaren zum Hüttenwerk Rothe Erde, die am 1. Oktober 1882 als Strecke Aachen-Nord–Jülich von der Industriebahn, die zu diesem Zeitpunkt als Aachener-Jülicher Eisenbahngesellschaft (AJE) firmierte, eröffnet wurde.

Ein besonderes Augenmerk legte die AJE zudem auf die geplante Strecke Stolberg–Kohlscheid. Mit dieser Bahn sollten weitere Gruben bedient werden, die von den Gesellschaften beim Bahnbau bislang ignoriert wurden. Nach der Genehmigung im März 1874 ging alles recht schnell. Zunächst wurde am 26. September 1875 der Abschnitt zwischen Würselen-Nord und Stolberg-Atsch zeitgleich mit der Verbindung Würselen–Mariagrube fertiggestellt. Allerdings hatte die Industriebahn ihre Strecke in Stolberg nicht an den RhE-Bahnhof angeschlossen, sondern eine eigene Station gebaut. Den weiteren Lückenschluss dieser Strecke besorgte wieder die Staatsbahn am 1. Juni 1892 mit dem Abschnitt von Würselen-Nord nach Kohlscheid. Für eine Optimierung der stetig sprießenden Schienenwege führte Preußen 1888 die verschiedenen Stolberger Bahnhöfe zum Hauptbahnhof Stolberg (Rheinland) zusammen.

1865 entstand an der RhE-Stammstrecke zudem der Bahnhof Köln-Ehrenfeld. Der heutige Personenhalt entwickelte sich aus einem Güterbahnhof und wurde ab 1893 Abzweigstation für die Linie Köln–Frechen-Benzelrath. Ab 1899 kam die Strecke von Ehrenfeld nach Mönchengladbach hinzu. Der Erfolg der Strecke Köln–Aachen–Herbesthal weckte bei der RhE Appetit auf weitere profitversprechende Schienenwege.

Am Alsdorfer Grubenbahnhof „Anna“ fährt vor abgestellten Ganzzügen am 22. März 1978 der Schienenbus 795/995 in Richtung Stolberg.

Münsterbusch zählte zu Nordrhein-Westfalens wenigen Spitzkehrenbahnhöfen, der hauptsächlich für den Güterverkehr zuständig war.

3

Eine Gesellschaft auf Expansionskurs: Die linke Rheinstrecke

Wichtige Eröffnungsdaten:

21. Januar 1856: Köln–Rolandseck (Bonn-Kölner Eisenbahngesellschaft)

21. Januar 1858: Rolandseck–Remagen

15. August 1858: Remagen–Sinzig–Brohl–Andernach–Weißenthurm

15. November 1858: Weißenthurm–Koblenz Rheinbf

15. Dezember 1859: Bingerbrück–Boppard–Bezirksgrenze–Koblenz

3. Juni 1864: Koblenz–Pfaffendorf

Oppenheims offener Geldsack

Nachdem die RhE mit der Strecke Köln–Herbesthal das erste Großprojekt trotz Hindernissen, Finanzengpässen und Kontroversen realisieren hatte können, stand das Unternehmen vor der großen Zukunftsfrage, wie sich die Gesellschaft nun weiter entwickeln würde. Zudem bahnte sich neuer interner Zwist an.

Vor allem gegen den Kölner Bankier Abraham Oppenheim hegten einige RhE-Direktoren Vorbehalte. Den Besitzer einer Kölner Privatbank sahen viele als geschäftstüchtigen, aber auch rücksichtslosen Kaufmann. Oppenheim war gleich mehrfach in RhE-Geschäfte involviert und kassierte dabei offenbar kräftiger ab, als es so manchem Direktionsmitglied lieb war. Besonders Hansemann wetterte gegen Oppenheim, obwohl dieser seine Pläne immer unterstützt hatte. Doch Oppenheim war es auch, der Hansemanns Vorschläge für die Köln-Mindener Eisenbahn am Ende praktisch konterkarierte. Die Konflikte nahmen dann groteske Züge an, als Oppenheim im Juli 1843 mitgeteilt wurde, dass in der Aachener Güterbahnhofhalle einer seiner Geldsäcke aufgegangen sei. Das allein war noch kein Problem, vielmehr war der Inhalt Stein des Anstoßes. Der Geldsack war mit 1.000 Talern deklariert, enthielt aber laut Güterexpedition 600 Taler mehr als angegeben. Oppenheim sollte für diese Fehldeklaration eine Strafe in fünffacher Höhe zahlen, was er rundweg ablehnte.

Vielmehr unterstellte Oppenheim den Bediensteten, dass der Sack nicht versehentlich aufgegangen sei, sondern absichtlich geöffnet worden war. Das Direktionsmitglied beschloss fortan, keine Güter mehr per Bahn zu versenden, was natürlich angesichts seiner Position in der Gesellschaft paradox war und wofür er erneut scharf kritisiert wurde. Bei der Direktionssitzung am 17. August 1843 wollte er sich rechtfertigen. Der damals amtierende Präsident Friedrich von Ammon verweigerte ihm aber das Wort. Oppenheim trug jedoch ungerührt seine Verteidigungsrede vor – und das auch nach Sitzungsende. Ungeachtet dieses skurrilen Auftritts warfen

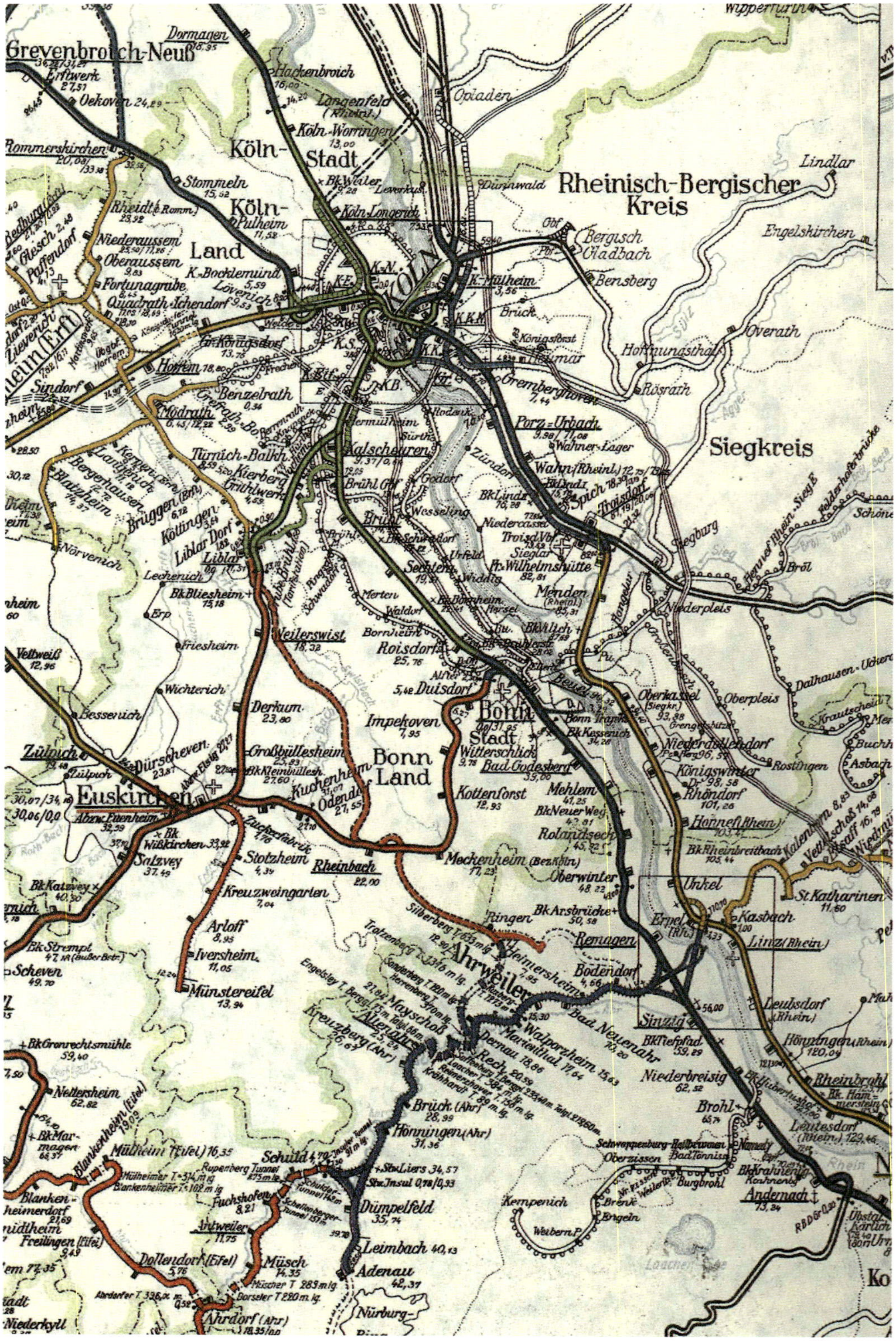

Der Kartenausschnitt der Reichsbahndirektion Köln von 1944 zeigt den Streckenverlauf der linken Rheinstrecke entlang des Rheins von Köln bis Andernach.

die Direktionsmitglieder dem umstrittenen Oppenheim regelmäßig vor, nicht immer zwischen privaten Interessen und den Direktionsgeschäften zu trennen. Bei der Generalversammlung am 15. Januar 1844 kam es dann zum Eklat, als zehn Direktoren vehement den Ausschluss Oppenheims aus der Direktion forderten. Der Antrag wurde jedoch abgelehnt und die Widersacher, unter ihnen Hansemann, traten von ihren Ämtern zurück. Der verärgerte Hansemann konzentrierte sich zunächst auf die Verwirklichung weiterer Bahnlinien im Aachener Raum.

Ein unbeschriebenes Blatt schreibt die Geschichte weiter

Bei den Neuwahlen am 10. Juli 1844 wurde Gustav Mevissen neuer Präsident und Oppenheim überraschenderweise sein Vize. Mevissen war bis dahin ein unbeschriebenes Blatt und mit 29 Jahren vergleichsweise jung. Der gebürtige Dülkener hatte 1839 das elterliche Zwirngewerbe übernommen und war an den politischen Entwicklungen der damaligen Zeit sehr interessiert. Nachdem der Kaufmann 1841 nach Köln umzogen war, gründete er neben einer Großhandlung für Textilien unter anderem mit Ludolf Camphausen die „Rheinische Zeitung" mit einem gewissen Karl Marx als Redakteur. Die regierungskritische Zeitung war aufgrund der journalistisch geschickt geschriebenen Artikel nur schwer zu zensieren und wurde deshalb im März 1843 gleich komplett verboten.

Mevissen blieb bis zur Verstaatlichung RhE-Präsident und wurde für seine ernste Entschiedenheit gepaart mit hohem Idealismus und Liebenswürdigkeit immer wieder gelobt. Der Präsident seinerseits hob anerkennend hervor, dass die Gesellschaft spätestens mit der internationalen Verbindung von Köln nach Belgien an der Spitze aller Kontinentalbahnen stehe.

Zwei Jahre vor der ersten Eröffnungsfeier dieser Strecke gründete sich im Juli 1837 in Bonn eine Aktiengesellschaft für den Bau einer Eisenbahn zwischen Bonn und Köln. Zur Debatte standen für diese Verbindung zunächst zwei Linien: Die erste Variante sollte entlang des Rheins über Wesseling führen, eine zweite weiter westlich über Brühl am Fuße des Vorgebirges. Die zweite Variante war zwar länger und wegen des Geländes auch teurer, die Verantwortlichen versprachen sich aber von der Erschließung des Vorgebirges mehr Gewinne. Nachdem die Linie über Brühl beschlossen war, erteilte Preußen die Konzession am 6. Juli 1840; ein entsprechender Gesellschaftsvertrag wurde am 27. September

Energisch und entschlossen: RhE-Dauerpräsident Gustav Mevissen auf einer Porträtaufnahme von 1863.

Das Pantaleonstor nahe des Köln-Bonner Pantaleonbahnhofs mit der Holzbrücke über den Wallgraben.

Den heutigen Bahnhof Bonn Bad Godesberg eröffnete die BKE am 15. Oktober 1855, wo am 12. Juni 1973 24 009 mit einem Leerreisezug auf Überholung wartet.

Der Bahnhof Rolandseck wurde zum beliebten Ausflugsziel, den 01 209 mit F 10 „Rheingold" 1954 durchfährt.

1840 unterzeichnet. Zu den gewählten Direktoren der daraufhin gegründeten Bonn-Kölner Eisenbahngesellschaft (BKE) gehörte auch Ludolf Camphausen. Für die Vorarbeiten wurde mit Regierungsbaurat Paul Camile von Denis eine bekannte Persönlichkeit des noch jungen Eisenbahnwesens gewonnen. Der erfahrene Ingenieur ermittelte ein Aktienkapital von rund 860.000 Talern, was dann noch einmal um 76.000 Taler erhöht wurde. Nun diskutierten die Bonner längere Zeit über die Lage des geplanten Bahnhofs. Nach einigen Diskussionen teilte das Finanzministerium mit, dass nach dem Beschluss „Seiner Majestät" der Bahnhof im Mülheimer Feld an der Poppelsdorfer Allee zu errichten sei, um so die geplante Fortsetzung nach Koblenz zu ermöglichen.

Der Eisenbahnbau begann drei Monate später und im September 1843 war die Strecke von Bonn aus in Köln angekommen. Ab August 1839 existierte in der Domstadt ja bereits der RhE-Bahnhof Am Thürmchen. Nur allzu gerne hätte die BKE – wie in der Konzession gefordert – ihren Endbahnhof an den „Rheinischen" angeschlossen, doch die Militärbehörde bestimmte wieder, dass der Bahnhof unmittelbar hinter der Pantaleonsmauer zu errichten sei. Die neue Strecke wurde deshalb durch das eigens wieder geöffnete Pantaleonstor geführt, wobei eine Holzbrücke den Zügen die Fahrt über den Wallgraben ermöglichte.

Nach einigen gelungenen Probefahrten wurde der Abschnitt zwischen Bonn und Köln als dritte Bahn im Rheinland nach Köln-Aachen und Düsseldorf-Elberfeld am 15. Februar 1844 offiziell eingeweiht. Zwischenstation auf der rund 30 Kilometer langen Strecke war zunächst nur Brühl, wobei der Bahnhof auf Anordnung des Königs bewusst in der Nähe des dortigen Schlosses Augustusburg gebaut wurde, damit die Reisenden während der Fahrt den landschaftlich reizvollen Park betrachten konnten. Später integrierte die BKE an der Strecke unter anderem die Orte Sechtem, Bad Godesberg und Kalscheuren. Das Kölner Empfangsgebäude an der St.-Pantaleons-Kirche war ebenso wie sein Bonner Pendant ein zweistöckiger Zweckbau, während die BKE dem Brühler Empfangsgebäude immerhin einen prägnanten Uhrenturm spendierte. Die günstigen Baukosten sorgten für niedrige Fahrpreise und die anfänglich fünf Zugpaare beförderten täglich insgesamt rund 1.700 Fahrgäste.

Pomp für die Prominenz

Die BKE wollte die Strecke aufgrund des Erfolges ausbauen und beschloss bei ihrer Generalversammlung am 16. November 1853, sie bis zum Fuße des Siebengebirges nach Rolandseck zu verlängern. Preußen erteilte am 4. August 1854 die Konzession, allerdings mit dem Nachtrag, dass, falls für den noch nicht realisierten Weiterbau nach Koblenz eine andere Privatgesellschaft die Konzession bekäme, dieses Unternehmen mit der BKE verschmelzen sollte. Ein Umstand, den sich die RhE zunutze machen sollte. Nachdem in Bonn der Senat der Friedrich-Wilhelms-Universität mit König Friedrich Wilhelm IV. um die Höhe des Bahndamms nach Rolandseck kurzzeitig aneinandergeraten war, was schließlich im September 1855 ein Kompromiss beilegte, ging der 14 Kilometer lange Abschnitt am 21. Januar 1856 in Betrieb. Der Bahnhof Rolandseck erhielt ein vergleichsweise pompöses Empfangsgebäude, denn hier traf sich die Prominenz aus Kunst, Kultur und „höherer Gesellschaft". Die ankommenden Fahrgäste konnten in Rolandseck mit Dampfschiffen zum gegenüberliegenden Siebengebirge tuckern oder unter dem „Rolandsbogen" die „Sommerfrische" genießen. Diese vorläufige Endstation blieb die letzte Baumaßnahme der BKE.

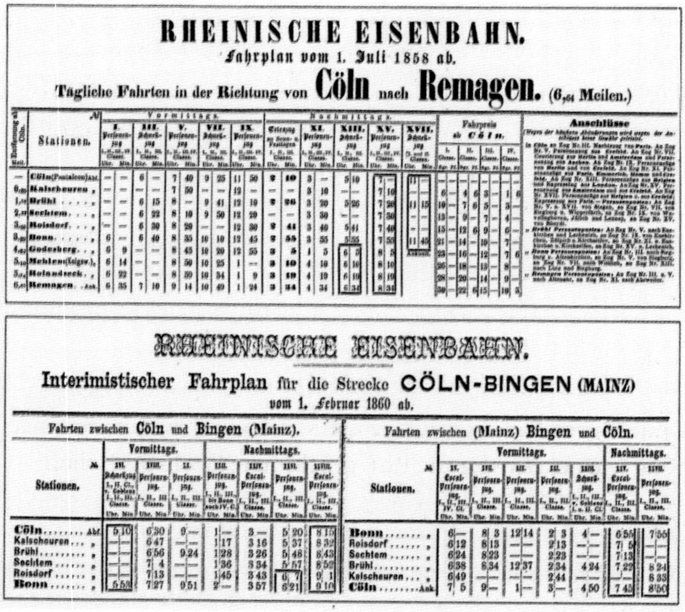

RHEINISCHE EISENBAHN.
Fahrplan vom 1. Juli 1858 ab.
Tägliche Fahrten in der Richtung von Cöln nach Remagen. (6,64 Meilen.)

Stationen	I. Personenzug	III. Schnellzug	V. Personenzug	VII. Schnellzug	IX. Personenzug	Extrazug an Sonn- u. Festtagen	XI. Personenzug	XIII. Schnellzug	XV. Personenzug	XVII. Schnellzug
Cöln (Pantaleon) Abf.	—	6 —	7 40	9 25	11 50	2 10	3 —	5 10	7 —	11 —
Kalscheuren	—	—	7 50	—	12 —	—	3 10	—	7 10	—
Brühl	—	6 15	8 —	9 41	12 10	2 26	3 20	5 26	7 20	11 15
Sechtem	—	6 22	8 10	9 50	12 20	—	3 30	—	7 30	—
Roisdorf	—	6 30	8 20	—	12 30	2 41	3 40	5 41	7 40	—
Bonn	6 —	6 40	8 35	10 10	12 45	2 55	3 55	5 55	7 55	11 45
Godesberg	6 9	—	8 45	10 20	12 55	3 5	4 5	6 5	8 5	Ankunft
Mehlem (Königsw.)	6 14	—	8 50	10 25	1 —	3 10	4 10	6 10	8 10	
Rolandseck	6 22	—	8 59	10 34	1 9	3 19	4 19	6 19	8 19	
Remagen Ank.	6 35	7 10	9 14	10 49	1 24	3 34	4 34	6 34	8 34	

RHEINISCHE EISENBAHN.
Interimistischer Fahrplan für die Strecke CÖLN-BINGEN (MAINZ)
vom 1. Februar 1860 ab.

Fahrten zwischen Cöln und Bingen (Mainz).

Stationen	XVI. Schnellzug (Vormittags)	XVIII. Personenzug (Vormittags)	XX. Personenzug (Vormittags)	XXII. Personenzug (Nachmittags)	XXIV. Local-Personenzug (Nachmittags)	XXVI. Personenzug (Nachmittags)	XXVIII. Local-Personenzug (Nachmittags)
Cöln Abf.	5 10	6 30	9 —	1 —	3 —	5 20	8 15
Kalscheuren	—	6 47	—	1 17	3 16	5 37	8 32
Brühl	—	6 56	9 24	1 28	3 26	5 48	8 43
Sechtem	—	7 4	—	1 36	3 34	5 57	8 52
Roisdorf	—	7 13	—	1 45	3 43	6 7	9 1
Bonn	5 53	7 27	9 51	2 —	3 57	6 21	9 10

Fahrten zwischen (Mainz) Bingen und Cöln.

Stationen	XV. Local-Personenzug (Vormittags)	XVII. Personenzug (Vormittags)	XIX. Personenzug (Vormittags)	XXI. Personenzug (Vormittags)	XXIII. Schnellzug (Vormittags)	XXV. Local-Personenzug (Nachmittags)	XXVII. Personenzug (Nachmittags)
Bonn	6 —	8 3	12 14	2 3	4 —	6 55	7 55
Roisdorf	6 12	8 13	—	2 13	—	7 5	—
Sechtem	6 24	8 23	—	2 23	—	7 13	—
Brühl	6 38	8 34	12 37	2 34	4 24	7 22	8 24
Kalscheuren	6 49	—	—	2 44	—	—	8 33
Cöln Ank.	7 5	9 —	1 —	3 —	4 50	7 45	8 50

Im Schnellzug in rund einer Stunde von Köln nach Remagen: Die Rheinische Eisenbahn macht's möglich.

Durch die steigenden Einnahmen ihrer Stammstrecke und abgesichert mit ausreichendem Aktienkapital ging die RhE ab Mitte der 1850er-Jahre auf Expansionskurs. Die Handelseinigung des Rheinlands mit Belgien war durch die Stammstrecke erreicht und die umtriebige Direktion wollte nun die eigene Sphäre ausweiten. Dazu zählte neben geplanten Bahnen zu den niederrheinischen Industriebezirken auch eine Strecke am linken Rheinufer nach Mainz.

Die Direktion beauftragte deshalb ihren Generalagenten Wilhelm Hauchecorne mit einer Denkschrift, die unter dem Titel „Über die Ertragsfähigkeit des erweiterten Eisenbahn-Unternehmens der Rheinischen Eisenbahngesellschaft auf dem linken Rheinufer der preußischen Rheinprovinz“ im Dezember 1855 vorlag. Hauchecorne betonte in dem 42-seitigen Papier die bestehende Lücke zwischen Mainz und Rolandseck und schrieb dazu: „Von allen Seiten ist längst die Notwendigkeit anerkannt, auch diese Strecke dem Dampfwege zu öffnen; denn nur so kann die jahrtausendalte Verkehrsstraße für Personen und Güter am linken Ufer des Rheines ihre Bedeutung erhalten, nur so kann dem Vorsprunge gewehrt werden, den durch rascheren Ausbau das rechtsrheinische Schienennetz immer mehr gewinnt.“

Von der KME „rechts“ überholt

Gemeint waren mit dem rechtsrheinischen Schienennetz die KME-Strecken von Oberhausen nach Arnheim und von Deutz nach Gießen. Preußen genehmigte der KME nach der Konzession im Juni 1854 für eine feste Eisenbahnbrücke über den Rhein am 26. Juli 1855 auch den Bau der Deutz-Gießener Strecke. Damit war die zuvor bestehende Auflage der Staatsregierung, vor dem Bau der linksrheinischen Bahn müsse erst eine rechtsrheinische Strecke fertig sein, falls der Feind das linke Rheinufer besetze, erfüllt.

Die Generalversammlung vom 14. Dezember 1855 machte unter Mevissen dann Nägel mit Köpfen. Unter anderem beschloss die Gesellschaft, wie in der Denkschrift vermerkt, eine „Verbindungsbahn in und um Köln“ sowie eine Eisenbahn von Rolandseck nach Bingen samt Rheinbrücke bei Koblenz zu bauen. Um das Unternehmen finanziell abzusichern, würde die RhE die BKE unter ihrem Dach vereinigen. Hauchecorne errechnete für den Abschnitt von Rolandseck nach Bingen ein erforderliches Betriebskapital von elf Millionen Talern.

Die Konzession zur „Erweiterung des Rheinischen Eisenbahnunternehmens“ erfolgte am 5. März 1856 und daraus folgernd die Übernahme der BKE durch die RhE für einen Kaufpreis von rund einer Million Taler. Die RhE verpflichtete sich ihrerseits, eine Verbindungsbahn außerhalb der Festungsmauern von ihrer Stammstrecke zur linken Rheinstrecke der BKE zu bauen. Diese „Stadtlinie“ innerhalb Kölns würde Anschlüsse zur geplanten festen Rheinbrücke nach Deutz und damit zur bisher einzigen rechtsrheinischen Strecke der KME ermöglichen. Die feste Rheinbrücke war seit Juli 1855 ebenso im Bau wie die KME-Strecke von Deutz nach Gießen und ebenso dringend nötig wie der 1857 für die RhE genehmigte Centralbahnhof.

Die RhE war nämlich nicht mehr Alleinherrscher im Kölner Eisenbahnreich. Neben der KBE errichtete die Köln-Krefelder Eisenbahngesellschaft (KKE) am 26. Januar 1856 ihren Endbahnhof im Norden Kölns nahe des Thürmchenbahnhofs. Die KME-Züge endeten ab dem 20. Dezember 1845 auf der rechten Rheinseite in Deutz.

14 502 mit Fern-Express FD 1920 „Bayerischer Wald" (Passau–Dortmund) überquert am 16. Mai 1995 die Moselbrücke in Koblenz. Der Zug verkehrte über die rechte Rheinstrecke und fuhr nur wegen des Halts in Koblenz auf die andere Rheinseite. In Urmitz wechselte der Zug wieder auf die rechte Seite.

Das winterliche Andernach durchfährt am 12. Februar 1955 die Wiesbadener 03 209 mit D 712.

Die Linien der privaten Eisenbahngesellschaften waren somit in alle vier Himmelsrichtungen ausgerichtet: die der RhE nach Westen, die der KKE nach Norden, die der KME nach Osten und die der BKE nach Süden. Die jeweiligen Gleise waren aber nicht miteinander verbunden, sodass die Reisenden für den Umstieg zu Fuß gehen oder Pferdefuhrwerke und Fährboote nutzen mussten. In Köln waren zwar teilweise militärische Gründe oder mangelnde Brücken der Grund für die Kopfbahnhöfe, doch insgesamt ließ die Zusammenarbeit der untereinander ständig rivalisierenden Privatgesellschaften weiterhin zu wünschen übrig. Immerhin verwies die KBE in ihrem Fahrplan vom Frühjahr 1849 auf KME-Anschlüsse nach Bremen, Düsseldorf und Hamm sowie auf Anschlüsse der RhE nach Lüttich und Brüssel.

Dennoch war die Zeit reif für einen zentralen Bahnhof im Herzen Kölns. Den neuen Centralbahnhof plante der Architekt Hermann Otto Pflaume im Auftrag der RhE mit finanzieller Beteiligung der KME. Parallel dazu verlängerte die RhE, wie ursprünglich geplant, ihre Strecke bis 1857 vom „Freihafen" bis zur „Frankenwerft". Güter- und Personenbahnhof waren jetzt voneinander getrennt. Der neue Güterbahnhof namens „Rheinstation" war direkt am Rhein für Schiffsumschlag angelegt, während der „Personenbahnhof Trankgasse" wegen der Hochwassergefahr höher gelegt in das Verwaltungsgebäude der RhE integriert wurde. Die zwei Kopfgleise des Personenbahnhofs endeten kurz vor dem Trankgassentor.

„Multistation" und „Mausefalle"

Der neue Centralbahnhof auf der ehemaligen Fläche des Botanischen Gartens in unmittelbarer Nachbarschaft des Doms war dann am 5. Dezember 1859, zwei Monate nach Eröffnung der Dombrücke, betriebsfertig. Der kombinierte Kopf- und Durchgangsbahnhof besaß ein klassizistisches Empfangsgebäude in Form eines „Z" sowie einen zweigleisigen Lok- und Eilgutschuppen. Von vier Kopfgleisen mit zwei Drehscheiben und Lokumsetzgleisen dampften die RhE-Züge nach Aachen und Bonn.

Die KME nutzte die Durchgangsgleise für ihre Fernzüge nach Berlin und die KKE für ihre Verbindung nach Krefeld. Mit dieser „Multistation" löste die RhE ihren Personenbahnhof Trankgasse auf und legte zudem 1859 nahe des Centralbahnhofs den Centralgüterbahnhof Gereon an. Um diesen Güterbahnhof stritt sich die RhE längere Zeit mit der Stadt. Köln verlangte einen Standort am Hafen, doch der weitsichtige Mevissen wollte seine Gesellschaft weiter unabhängig von der Schifffahrt machen. Mevissen setzte sich schließlich durch, verlor allerdings als Quittung bei der nächsten Wahl sein Amt als Präsident der Kölner Handelskammer. Drei Jahre später legte die RhE als Ersatz für ihre Betriebs- und Instandsetzungswerkstätte am Thürmchenbahnhof auf einem unbebauten Grundstück im späteren Kölner Stadtteil Nippes die neue „Central-Werkstätte bei Köln" an.

Obwohl der Centralbahnhof und die neogotische, vom Berliner Hofbaurat Heinrich Strack entworfene Dombrücke einen Fortschritt in der Bündelung der Kölner Eisenbahnen bedeutete und sich dadurch das Domviertel zum Fremdenverkehrszentrum entwickelte, gerieten beide Bauwerke schnell in die Kritik. Viele Kölner empfanden den Bahnhof als städtebaulichen Schandfleck und zudem erreichte der Bahnhof bald seine Kapazitätsgrenze, konnte aber

Höher gelegt auf die Kölner Stadtmauer wurde die RhE-Trasse für den neuen Bahnhof Trankgasse.

Gut gemeint, aber schnell überlastet war der Kölner Centralbahnhof.

Ebenfalls schnell als Nadelöhr erwies sich die Kölner „Dombrücke" zwischen Deutz und Zentrum.

aufgrund der beengten Innenstadtlage nicht erweitert werden. Gleiches galt für die Dombrücke der KME, die auf Anordnung des Königs in der auf den Dom hinführenden Ost-West-Achse angelegt werden musste und an deren Baukosten sich die RhE finanziell beteiligte. Der Gitterträgerbrücke mit zwei Gleisen, die von einer gebührenpflichtigen Straße flankiert waren, verpassten die Kölner wegen ihrer charakteristischen Optik den Spitznamen „Mausefalle". Die RhE wollte aufgrund der beengten Verhältnisse im Norden der Stadt eine eigene Brücke bauen, hätte damit aber ihren eigenen Centralbahnhof überflüssig gemacht.

Die Gesellschaft verhandelte deshalb 1874 mit der KME, um die „Mäusebrücke" für ihre Strecke ins Ruhrgebiet zu nutzen. Die KME verlangte im Gegenzug die Einführung sämtlicher Züge in den Centralbahnhof, was diesen überlastet hätte. Die Gespräche kamen somit nicht voran und Mevissen beklagte sich am 27. Mai 1876 bei der Generalversammlung, dass „die Frage der Benutzung der Kölner Rheinbrücke bis jetzt zu keiner Entscheidung gelangt ist". Ein weiterer Anlauf von RhE und KME für den Bau eines neuen Bahnhofs scheiterte am Ende

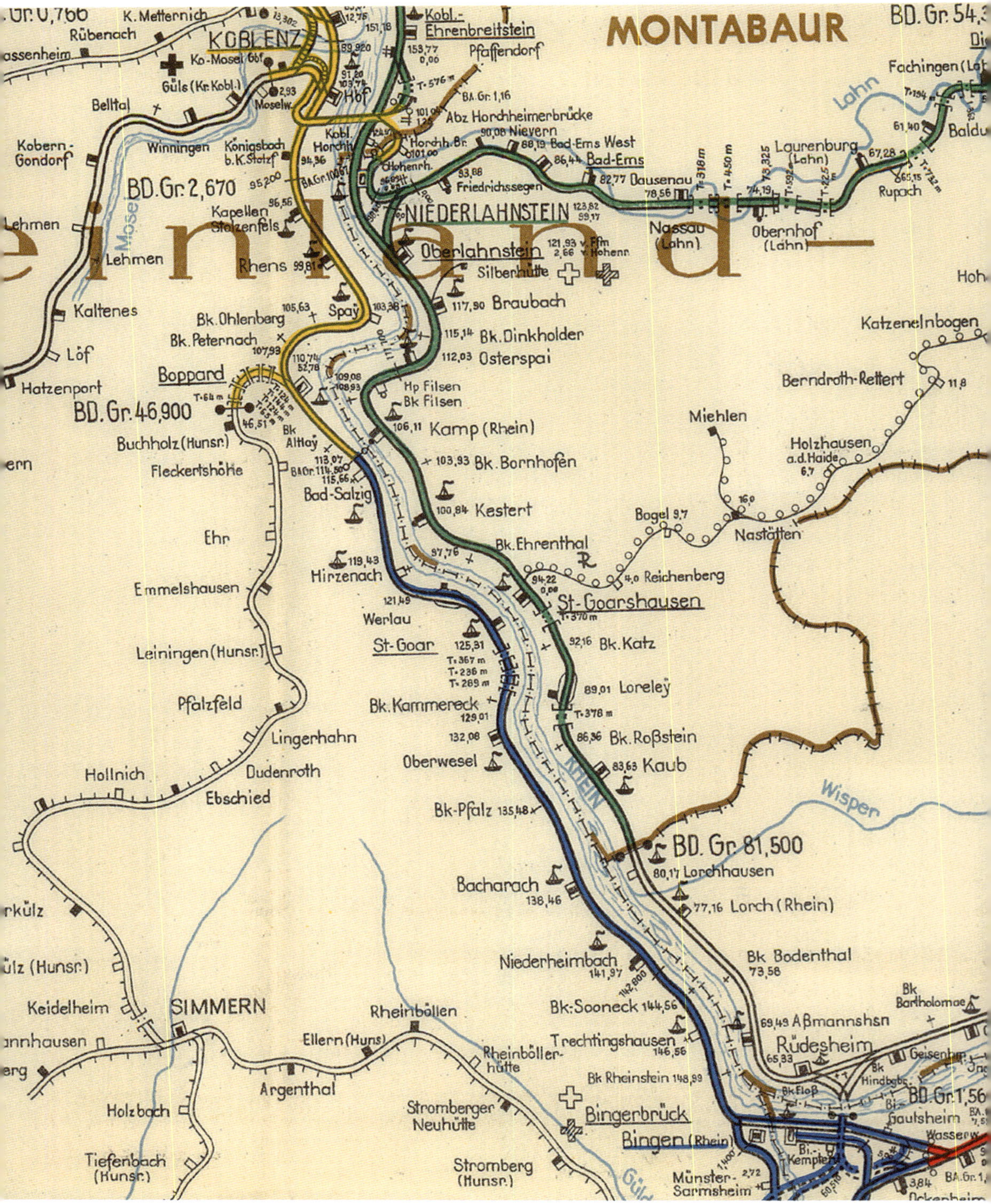

Der Ausschnitt der Eisenbahndirektion Mainz von 1944 zeigt den Verlauf der linken Rheinstrecke von Koblenz bis Bingen.

aus finanziellen Gründen. Jahre vergingen in Köln, ehe am 25. Mai 1894 der Centralbahnhof durch den bis heute bestehenden Hauptbahnhof und am 22. Mai 1911 die Dombrücke durch die Hohenzollernbrücke ersetzt wurde. Mit diesen epochalen Bauwerken hatten aber weder RhE noch KME zu tun, denn beide Gesellschaften waren bei den Eröffnungen längst verstaatlicht.

„Verbunden durch die Eisenbahn"

Schon Jahre vor der Fertigstellung des Centralbahnhofs baute die RhE wie geplant die linke Rheinstrecke von Rolandseck aus weiter in Richtung Koblenz und Bingen. Um sich die Konkurrenz vom Leibe zu halten, trotzte die Direktion dem Staat sogar die Zusage ab, dass bis 1875 auf preußischem Gebiet keine andere Gesellschaft die Konzession zum Bau einer Strecke entlang des rechten Rheinufers erhalten durfte. Der Entschluss der RhE, eine Eisenbahn entlang des linken Rheintals zu bauen, profitierte zudem von einer Entscheidung des Großherzogs Ludwig III. von Hessen. Der Großherzog erteilte am 3. Januar 1856 der nach ihm benannten Hessischen Ludwigs-Eisenbahn-Gesellschaft (HLB) die Konzession zum Bau und Betrieb einer schon seit Jahren angestrebten Verbindung von Bingen nach Mainz und darüber hinaus nach Darmstadt und Aschaffenburg. Diese Linie würde mit Mainz, Darmstadt und Aschaffenburg die wichtigsten Städte des Großherzogtums Hessen verbinden. Durch den Zusammenschluss mit der RhE-Strecke bestünden in Hessen zudem Anschlüsse an Köln und Belgien. Bingen hatte für diese Verbindung eine zentrale Bedeutung, denn die „Mäuseturmstadt" lag damals an der Grenze zwischen dem Großherzogtum Hessen und dem Königreich Preußen.

Die südliche Ansicht der fertiggestellten Pfaffendorfer Brücke. Die älteste Koblenzer Brücke wurde 1934 zu einer Straßenbrücke umgebaut und 2021 durch einen Neubau ersetzt.

Beide Gesellschaften bauten sozusagen fortan aufeinander zu. Die RhE stellte sich unter der Leitung von Oberbaurat Emil Hartwich den baulichen Herausforderungen des Rheintals bis Koblenz. Dazu zählten größere Erdarbeiten und Sprengungen bei Remagen, Rheineck und Andernach sowie der Bau von Brücken über die Flüsse Ahr, Nette und Mosel. Damit die Züge die Mosel zwischen Koblenz und dem Stadtteil Lützel überqueren konnten, baute die RhE eine Gitterfachwerkbrücke mit vier Feldern und Steinbögen. Den Abschnitt zwischen Rolandseck und Remagen stellte die RhE am 21. Januar 1858 fertig, der zweite folgte am 15. August zwischen Remagen und Weißenthurm und der dritte bis Koblenz am 11. November.

Für Koblenz wollte die RhE wie bei ihrem zweiten Kölner Bahnhof den Güter- vom Personenverkehr trennen, die Stadt hingegen setzte sich zunächst für eine gemeinsame Anlage ein. Die beengten Verhältnisse innerhalb der Stadtbefestigung erforderten dann jedoch zwei getrennte Bahnhöfe. Die RhE legte den Personenbahnhof innerhalb der Festung mit einem Empfangsgebäude in Fachwerkbauweise zwischen Löhr- und Weißertor an, der Güterbahnhof entstand außerhalb der Stadt am linken Moselufer. Die vergleichsweise schlichten Bauwerke standen im Gegensatz zur pompösen Eröffnungsfeier. Die Girlanden geschmückte Lokomotive „Windsbraut" wurde in Koblenz von Prinzessin Augusta Marie Luise Katharina von Sachsen-Weimar-Eisenach und ihrer Tochter Großherzogin Luise von Baden empfangen.

Angekommen: Die Koblenzer Bevölkerung bejubelte am 11. November 1858 den lang erwarteten Eröffnungszug.

Die Karte der Eisenbahndirektion Mainz zeigt die Situation in und um Koblenz im Jahr 1955.

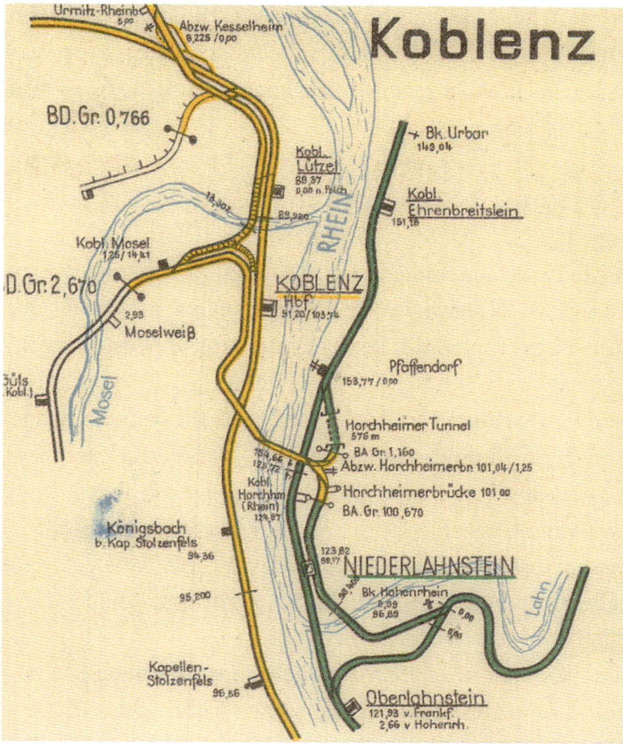

Eisenbahnromantik Ende des 19. Jahrhunderts vor dem Kloster Marienberg in Boppard.

Für den letzten Abschnitt von Koblenz nach Bingen entschloss sich die RhE, die Strecke so weit wie möglich den topografischen Begebenheiten anzupassen, was nicht immer gelang. Zahlreiche Weinberge wurden notgedrungen abgetragen, wobei die RhE den Winzern hohe Entschädigungen zahlte. Zwischen St. Goar und Niederheimbach wurden umfangreiche Sprengarbeiten durchgeführt. In Höhe der Loreley entstanden für die Durchfahrten durch das Bergmassiv drei Tunnel mit den für den RhE-typischen imposanten Burgportalen aus Türmen und Zinnen. Um die Bahntrassen vor Überflutungen zu schützen, waren umfangreiche Uferbefestigungen erforderlich.

Die HLB baute hingegen weit weniger aufwendig, weil ihre Trasse von Mainz über Ingelheim bis Bingen nur durch flaches und weiträumiges Terrain verlief. So konnte diese Strecke schon am 17. Oktober für den Güterverkehr und am 27. Dezember 1859 für den Personenverkehr eröffnet werden. Die RhE war mit ihrer Strecke am 15. Dezember fertig. Beide Trassen waren durch die gemeinsam finanzierte Nahebrücke zwischen Bingerbrück und Bingen verbunden. Ein Festgedicht jubelte anlässlich der Eröffnung, dass die Schwesternstädte am Strand des Rheins „vom heut'gen Tag an auf's neu verbunden durch die Eisenbahn".

Durchwachsene Bilanz einer „Millionenlinie"

Die RhE schaffte allein für diese Strecke im Laufe der Jahre über 70 Lokomotiven, überwiegend von der Firma „Borsig", sowie rund 120 Personenwagen und 1.235 Güterwagen an. Den Anschluss zwischen HLB-Strecke und RhE regelte der Staatsvertrag zwischen Preußen und dem Großherzogtum Hessen vom 10. Mai 1859. Vereinbart wurde unter anderem, dass die Eisenbahngesellschaften „die Lokomotiven und Wagen nicht nur einzeln, sondern in ganzen Zügen von einer Bahn zur anderen direkt übergeben können".

Gleichzeitig mit der kompletten Inbetriebnahme der linken Rheinstrecke eröffnete die Rhein-Nahe-Eisenbahngesellschaft (RNE) den ersten Abschnitt ihrer am 26. Mai 1860 fertiggestellten Strecke von Bingerbrück ins saarländische Neunkirchen. Diese Strecke sollte den Saarkohlengruben den Absatz nach Rhein und Main sowie den Eisensteingruben des Lahntals den Absatz nach den Eisenhütten des Saargebiets erleichtern. Die sogenannte Rhein-Nahe-Bahn galt wegen der vielen Tunnel, Brücken und Dämme mit einer Million Taler pro Meile als „teuerste Bahn Deutschlands". Die Bilanz der „Millionenlinie" war trotz der hohen Investitionen durchwachsen, denn obwohl die Rhein-Nahe-Bahn als „regionale Lebensader" die Industrialisierung vorantrieb, blieben die Einnahmen hinter den Erwartungen zurück. Die RNE kämpfte wiederholt mit finanziellen Schwierigkeiten, weshalb der Staat immer wieder Zinsbürgschaften übernahm.

Für eine Verbindung von der linken Rheinstrecke über den Rhein zu der am 22. Februar 1862 vollendeten Nassauischen Rheinbahn über St. Goarshausen und Rüdesheim nach Wiesbaden sowie der am 10. Januar 1863 eröffneten Lahntalbahn nach Wetzlar baute die RhE auf Anordnung Preußens die Pfaffendorfer Brücke.

Die nach dem Stadtteil Pfaffendorf benannte erste feste Koblenzer Eisenbahnbrücke über den Rhein war zunächst Gegenstand zäher Verhandlungen um den Standort. Die neue Brücke sollte sich nämlich optisch in die idyllische Landschaft des romantischen Mittelrheintals einfügen. Als Ergebnis legte die RhE die, laut „Kölner Zeitung" vom Dezember 1866, „schönste Eisenbrücke Deutschlands" zwischen dem Kurfürstlichen Schloss und der Rheinanschlusskaserne an. Die Grundsteinlegung erfolgte am 11. November 1862.

Eine „Kanonenbahn" für Koblenz

Um die Zeit bis zur Fertigstellung zu überbrücken, baute die RhE als Zwischenlösung eine Eisenbahnfähre mit Dampfbetrieb zwischen Stolzenfels und Oberlahnstein, die von 1862 bis 1864 in Betrieb war. Vom linksrheinischen Bahnhof Capellen-Stolzenfels konnte die Fähre bis zu zwölf Wagen aufnehmen, die hauptsächlich Erz und Kohle transportierten. Mit der Eröffnung der Pfaffendorfer Brücke am 3. Juni 1864 stellte die RhE das Trajektgeschäft ein und der Bahnhof Capellen-Stolzenfels wurde stillgelegt. Nun fuhren die Züge vom linksrheinischen Koblenzer Rheinbahnhof innerhalb der Stadtbefestigung auf die neue Brücke in Richtung Niederlahnstein. Von hier bestand Anschluss nach Oberlahnstein zur Nassauischen Rheinbahn.

Der Bahnhof Niederlahnstein wurde somit Umsteigestation von der Lahnstrecke auf die rechte Rheinstrecke und dadurch ein Knotenpunkt für den Personenverkehr auf zwei der wichtigsten Bahnverbindungen im damaligen Deutschen Reich. Auch die von der RhE gebauten Bahnhöfe Andernach und Koblenz entwickelten sich zu viel frequentierten Eisenbahnknoten. Gewinnsteigerungen beim Güterverkehr versprachen in dieser Region unter anderem die Lavasteinvorkommen zwischen Andernach und Mayen, was die RhE nutzen wollte.

Die Konzession für eine Bahn vom Bahnhof Andernach über Niedermendig bis zur Eifelstrecke nach Gerolstein erhielt die Gesellschaft am 9. Juni 1875. Die Bauarbeiten begann die RhE im Frühjahr 1875 und der Abschnitt Andernach–Niedermendig wurde am 1. April für den Güter- und am 15. Mai 1878 für den Personenverkehr freigegeben. Für längere Zeit blieb der am 20. Mai 1880 von der RhE eröffnete Abschnitt bis Mayen Endstation, ehe die Staatsbahn am 15. Mai 1895 die Verbindung nach Gerolstein baute. Die Strecke wurde im Volksmund unter dem Begriff „Eifelquerbahn" bekannt.

Die neue Strecke weckte auch bei den Unternehmern der Region zwischen Niedermendig, Rieden und Weibern den Wunsch nach einer Verbindung zum Rheinstrom. Die Andernacher Werften erhofften sich dadurch wiederum im Konkurrenzkampf mit der Stadt Brohl eine Vorherrschaft am Mittelrhein. Die RhE zeigte sich allerdings an einer solchen Zweigbahn wenig interessiert, denn schließlich sollten die Güter per Bahn und nicht per Schiff transportiert werden. Doch die Interessenten blieben hartnäckig und so wurde die Gesellschaft schließlich per Ministererlass vom 19. Mai 1879 zu einer eingleisigen Zweigbahn von Andernach zur Rheinwerft „verdonnert". Nach viermonatiger Bauzeit eröffnete die RhE die rund zwei Kilometer lange Güterstrecke am 20. September 1879.

In Koblenz ersetzte die RhE ihren Holzbahnhof bis 1859 durch einen Massivbau, in dem für die „Very Important Persons" sogar ein opulentes Fürstenzimmer eingerichtet wurde. Wie so häufig in Zeiten des emsigen Eisenbahnbaus erhielt die RhE auch in Koblenz bald Gesellschaft.

Blick auf Bingerbrück, dessen Bahnhof die Schnittstelle zwischen Nahetalbahn und linker Rheinstrecke bildet. Der einst umfangreiche Bahnhof mit Bahnbetriebswerk, Lokschuppen sowie Bekohlungs- und Bewässerungsanlage wurde 1993 in „Bingen (Rhein) Hbf" umbenannt.

In diesem Fall durch die staatlich gebaute und am 15. Mai 1879 fertiggestellte Moselstrecke von Koblenz nach Trier, die als Teil der sogenannten Kanonenbahn von militärstrategischer Bedeutung war. Ironischerweise war auch die RhE an dem Streckenbau interessiert, doch der Deutsch-Französische Krieg von 1870 bis 1871 verhinderte diese Absichten. Den dazugehörigen Moselbahnhof legte die Staatsbahn unterhalb des Forts Konstatin an. Durch die Entfernung zum RhE-Bahnhof mussten die Reisenden für den Umstieg zwischen Rhein- und Moselbahn lange Wege zu Fuß oder per Droschke zurücklegen. Diese Mühsal beendete am 1. Mai 1902 der neue Hauptbahnhof auf dem Gelände des früheren Moselbahnhofs, während den Rheinbahnhof 1944 die alliierten Bombentreffer zerstörten. Vom Bahnhof Lützel, der gleichzeitig mit dem RhE-Bahnhof entstand, baute die Eisenbahndirektion Mainz bis 1904 die eingleisige Nebenbahn über Lützel nach Mayen Ost mit Anschluss an die Eifelquerbahn. Zwölf Jahre später verlängerte die Direktion die Strecke über Polch bis nach Maimünsterfeld.

Zittern am Bahnhof

In Remagen förderte Bürgermeister Friedrich Wilhelm Beinhauer sehr aktiv den Bahnbau. Um in seiner Stadt Bahnhof und Trasse zu ermöglichen, verschaffte Beinhauer der RhE die notwendigen Grundstücke. Als „Dankeschön" baute die Gesellschaft für den bahnbegeisterten Bürgermeister die 1859 eingeweihte „Villa Beinhauer". Wegen ihrer blauen Turmhauben, die an die Kremlbauten erinnern, verpassten die Bürger dem repräsentativen Gebäude den Spitznamen „Klein-Moskau". Das 1860 fertiggestellte Empfangsgebäude im klassizistischen Stil verfügte über die RhE-typischen Rechteckfenster. Dazu errichtete die Gesellschaft einen zweiständigen Lokschuppen mit Lokbehandlungsanlage sowie 16-Meter-Drehscheibe, Wasserturm und Güterschuppen mit Freiladestraße. Der Remagener Bahnhof erhielt dann noch eine weitere Ausbaustufe.

Schon Jahre vor der Eisenbahn hatte der Ahrweiler Kaufmann und Weinhändler Georg Kreuzberg 1852 im Unteren Ahrtal eine kohlensaure Quelle entdeckt. Benannt nach einem „Heiligen" gründete Kreuzberg in Ahrweiler die Mineralwassermarke „Apollinaris", die als „The Queen Of Table Waters" weltweit bekannt wurde. Der wirtschaftliche Aufstieg von Apollinaris brachte auch eine Ahrtalbahn verstärkt ins Gespräch. Ein Ahrweiler Eisenbahnkomitee beantragte deshalb 1862 beim Handelsministerium eine Linie, die von Remagen nach Jünkerath in die bereits im Planungsstadium befindliche Eifelstrecke der RhE münden sollte.

Die RhE wurde 1865 vom Ministerium mit den Vorarbeiten für eine entsprechende Strecke beauftragt, was die Gesellschaft wegen zu geringer Gewinnerwartung rasch ad acta legte. Das Projekt ruhte zunächst, ehe der erhoffte Abzweig durch staatliche Unterstützung wieder Fahrt aufnahm. Preußen erteilte der RhE am 9. Juli 1873 eine Konzession unter anderem zu „einer Eisenbahn, abzweigend von der Rheinbahn zwischen Remagen und Sinzig durch das Ahrtal nach Ahrweiler".

Die endgültige Genehmigung für den finalen Streckenverlauf erteilte das Ministerium am 23. September 1879. Unterstützt mit Geldern der Stadt Ahrweiler, der Gemeinde Neuenahr und von Apollinaris zweigte dann ab dem 17. September 1880 vom Bahnhof Remagen das erste Teilstück bis Ahrweiler ab, das die Staatsbahn am 1. Dezember 1886 bis Altenahr und am 15. Juli 1888 bis zum Kopfbahnhof Adenau weiterführte. Ein geplanter Anschluss über Adenau an die Eifelquerbahn wurde allerdings nicht mehr realisiert.

Während die Ahrtalbahn nach der Inbetriebnahme jährlich zahlreiche Kurgäste und Tausende Tonnen Mineralwasser transportierte, sorgte der Zweite Weltkrieg auch in Remagen für wirtschaftliche Not. In den Nachkriegsjahren versuchten die Remagener den Mangel an Lebensmitteln durch „Hamsterei" aufzustocken. Ein riskantes Unterfangen, denn die Stadt lag damals zwischen der englischen und der französischen Besatzungszone. Die „Hamsterer" wurden deshalb am Bahnhof Remagen in den Zügen häufig durchsucht und mussten nach Entdeckung der Naturalien mit noch weniger Essbarem auskommen. Die Angst, von den Militärbehörden durchsucht zu werden, führte dann in Remagen zur Bezeichnung „Zitterbahnhof".

Vergleichsweise spät und erst mehrere Jahre nach der Verstaatlichung der privaten Eisenbahngesellschaften realisierte die Eisenbahndirektion Mainz vom Bahnhof Boppard aus die Hunsrückbahn nach Simmern. Der Bauherr musste dafür zwischen Boppard und Buchholz einen Höhenunterschied von rund 330 Metern überwinden, was sieben Brücken, fünf Tunnel und eine fünf Kilometer lange Zahnstange erforderte. Als die Arbeiter am 3. August 1908 die letzte Etappe erreichten, hatte diese Trasse bereits sieben Millionen Mark Baukosten verschlungen, zählt aber als steilste im Regelbetrieb betriebene Bahnstrecke Deutschlands immer noch zu den ingenieurtechnischen Meisterwerken.

Der Bahnhof Altenahr der Ahrtalbahn wird mittlerweile als Gaststätte und Touristeninformation genutzt. Im Hintergrund ist die denkmalgeschützte Burg Are zu sehen.

Neben Personen transportierte die von der Brohltal-Eisenbahn-Gesellschaft am 7. Januar 1902 angelegte Schmalspurstrecke Brohl–Kempenich vor allem Basalt, Phonolith und Tuffstein. Diese rund 24 Kilometer lange Strecke war ebenfalls schon länger gefordert, aber von der RhE abgelehnt worden. 1904 verlängerte der Betreiber die Strecke dann bis zum Rheinhafen Brohl.

Nach Fertigstellung der linken Rheinstrecke stieg in Bonn das Verkehrsaufkommen schnell an. Durch die Eröffnung der Voreifelbahn nach Euskirchen am 7. Juni 1880 avancierte der Bahnhof zu einem Knotenpunkt, der ein neues Empfangsgebäude und neue Gleisanlagen erforderte. Das nach einem Entwurf des Baumeisters Carl Schellen am 16. April 1885 fertiggestellte Empfangsgebäude bezeichnete die „Bonner Zeitung" als „so umfangreiches und so stattliches Gebäude, wie es weit und breit seines Gleichen sucht". Zwischen Köln und Bonn errichtete die Königliche Eisenbahndirektion linksrheinisch 1894 die Zwischenbahnhöfe Köln-West und Köln-Süd. Im südlichen Köln sorgt seit dem 26. Februar 1969 der von Hürth-Kalscheuren abzweigende Umschlagbahnhof Köln-Eifeltor für tägliche Transporte nach Rotterdam, Hamburg und Kiel.

Insgesamt erwies sich die linksrheinische Strecke auch ungeachtet der zahlreichen Zweigbahnen als erfolgreiche Verbindung, die bis Ende der 1860er-Jahre zweigleisig ausgebaut wurde. Die Erweiterung der RhE durch neue Strecken war also gelungen, der Expansionsdrang der Gesellschaft damit aber noch lange nicht gestillt.

Blick vom Gedeonseck auf 94 1088 und Schiebelok 94 1363, die am 16. Mai 1932 den P 3636 nach Simmern auf dem steilsten Abschnitt der Hunsrückbahn kurz hinter Boppard den Berg hinauf befördern.

Schwätzchen auf den Schienen: Als auf der Brohltalbahn noch regulärer Personenverkehr stattfand, sind am 6. September 1959 britische Eisenbahnfreunde der Railway Correspondence and Travel Society mit VT 51 am Bahnhof Kempenich.

4
Vom Niederrhein zu den Niederlanden: Die Strecke Köln–Kleve–Nimwegen

Wichtige Eröffnungsdaten:
15. November 1855: Köln–Neuss (KKE)
26. Januar 1856: Neuss–Krefeld-Oppum–Krefeld Hbf (KKE)
3. März 1863: Krefeld–Kempen (Rhein)–Geldern–Goch–Kleve
19. April (GV) und 21. April (PV) 1865: Kleve–Rheinfähre–Welle
19. April (GV) und 21. April (PV) 1865: Verbindungsbahn Welle–Elten
9. August 1865: Kleve–Kranenburg–Nimwegen

Ein Projekt wird vergessen

Während sich die RhE mit enormem baulichem Aufwand einen Schienenweg durch das linke Rheintal bahnte, war der Konkurrent KME längst in die entgegengesetzte Richtung zu neuen Eisenbahngefilden aufgebrochen. Mit der KME-Stammlinie Köln–Minden waren ab 1846 auch niederrheinische Orte wie Duisburg und Oberhausen an das immer dichter geknüpfte Schienennetz angebunden. Die Nederlandsche Rhijnspoorweg-Maatschappij (NRM), auf Deutsch Niederländische Rheinbahn-Gesellschaft, eröffnete oder übernahm zudem von 1843 bis 1845 die Linien Amsterdam–Arnheim, Arnheim–Grenze und Gouda–Rotterdam. Geplant war danach auch eine Strecke von Maastricht in Richtung Aachen. Dummerweise baute die NRM ihre Strecke in Breitspur, was nicht zur deutschen Schienen-Spurweite passte. Notgedrungen mussten die Strecken für mögliche Anschlüsse an deutsche Trassen erst einmal auf Normalspur umgebaut werden.

Schon zuvor, als 1843 die ersten Pläne für eine grenzüberschreitende Strecke von Amsterdam nach Köln bekannt geworden waren, hatten die Stadt Kleve, die Handelskammern Nimwegen und Herzogenbosch sowie ein Köln-Krefelder Eisenbahnkomitee für eine linksrheinische Verbindung nach den Niederlanden gekämpft. Der erste Anlauf von Kölner und Krefelder Kaufleuten blieb im April 1843 erfolglos. Der Klever Stadtrat unter Bürgermeister Heinrich Ludwig Ondereyck wandte sich aber nochmals an die Regierung. Die Politiker schilderten Kleve in schillernden Farben als einen der schönsten Erholungsorte, wo die Stadt eine Mineralquelle, Trinkhalle und Badehaus plante, weshalb eine Eisenbahnverbindung dringend benötigt wurde. Doch auch diese Träume platzten an der grauen Realität von Preußens angespannter Finanzlage, das sich zudem zu dieser Zeit mit einer geplanten Ostbahn nach Königsberg finanziell völlig verkalkuliert hatte.

Unbeeindruckt von dieser erneuten Ablehnung starteten die Interessenten zwischen Köln und Krefeld mit ersten Vorarbeiten. Doch neben dem Geld fehlte auch eine Einigkeit über die

Der Kartenausschnitt der Bundesbahndirektion Essen von 1959 zeigt die Strecke von Krefeld bis Kleve mit zahlreichen Abzweigbahnen, unter anderem nach Spyck und Welle.

Die RhE beschaffte sich von 1867 bis 1871 acht B-Tenderlokomotiven. Die Lok „Kiel" wurde nach der Verstaatlichung im Jahr 1882 in „Crr 1408" umbenannt und 1893 ausgemustert.

geplante Linienführung. Es gab Befürworter einer Trasse von Köln über Neuss nach Krefeld ebenso wie für eine Verbindung nach den Niederlanden über Mönchengladbach und Venlo. Doch alle Variationen wurden erneut vom Handelsministerium abgeschmettert, das sich zu dieser Zeit einer Vielzahl von Anträgen eher unseriöser Aktiengesellschaften ausgesetzt sah. Dann erfassten die Unruhen der Märzrevolution von 1848 bis 1849 auch die Rheinprovinz. Die Menschen kämpften für mehr Demokratie und nicht für die Eisenbahn. Somit wurde das Projekt für mehrere Jahre einfach vergessen.

Von der Heydt ist verärgert

Inzwischen war Gustav Mevissen Reichstagsabgeordneter geworden und streckte für die RhE seine Fühler auch in Richtung Niederrhein aus. Mevissen schlug der RhE-Direktion 1852 vor, die angedachte Eisenbahn von Köln nach Krefeld über Neuss zu bauen. Ein Vorschlag, der das alte Köln-Krefelder Eisenbahnkomitee wieder hellhörig machte, und so gründeten dessen Mitglieder am 11. Mai 1853 die Köln-Krefelder Eisenbahngesellschaft (KKE). Das neue Unternehmen erhielt am 22. August 1853 vor der RhE die Konzession zur „Anlage einer Eisenbahn von

Auf der linksniederrheinischen Strecke passieren die Züge auch den Kölner Stadtteil Worringen, wie am 27. Juli 1976 ein Nahverkehrszug von Köln-Deutz nach Krefeld.

Köln über Neuss nach Krefeld". Die KKE wurde neben eventuellen Militärtransporten auch dazu verpflichtet, eine Abzweigbahn an die am 17. Januar 1853 eröffnete Aachen-Düsseldorfer Eisenbahn der Königlichen Direktion der Aachen-Düsseldorf-Ruhrorter Eisenbahn-Gesellschaft zwischen Neuss und Oberkassel zu bauen. Die dafür notwendige feste Überbrückung des Rheins sollte aber erst 1870 die BME nach Übernahme der Aachen-Düsseldorfer Linie mit der König-Wilhelm-Brücke realisieren.

Die durch Aktienzeichnungen gedeckten Kosten von einer Million Taler kalkulierte die KKE offensichtlich zu optimistisch. Nach dem Baubeginn 1854 stellte die Gesellschaft am 15. November 1855 nur den Abschnitt von Köln nach Neuss fertig. Zwischen Neuss und Krefeld passierte hingegen zunächst wenig. Diesen Stillstand wollte Handelsminister August von der Heydt nicht akzeptieren. Von der Heydt drohte damit, neue Anleihen und staatliche Zuschüsse zu streichen, sollten die Bauarbeiten zwischen Neuss und Krefeld weiterhin ruhen. Die Drohung fruchtete: Tausende Arbeiter schufteten Tag und Nacht, um den Anschluss von Neuss bis Krefeld am 26. Januar 1856 fertigzustellen.

Sowohl in Neuss als auch in Krefeld war diese Strecke nicht die erste Eisenbahn. Die Städte Krefeld und Ruhrort sowie die Landkreise Mönchengladbach, Kempen und Geldern hatten

1844 die Ruhrort-Krefeld-Kreis Gladbacher Eisenbahngesellschaft (RKG) gegründet. Diese Gesellschaft wollte den linken Niederrhein mit dem Ruhrgebiet verknüpfen. Beabsichtigt waren dadurch neue Absatzmöglichkeiten der niederrheinischen Industriebetriebe und ein verbesserter Zugang zur Ruhrkohle. Die entsprechende Konzession für „eine Eisenbahn von dem linken Rheinufer über Uerdingen, Krefeld und Viersen nach Mönchengladbach und Rheydt" erhielt die RKG am 8. Januar 1847. Vorgesehen war zudem ein Anschluss an die Aachen-Düsseldorfer Bahn und an das rechtsrheinische Ruhrort durch ein Trajekt, dass die KME am 12. November 1852 fertigstellte. Der erste Abschnitt von Homberg über Krefeld nach Viersen wurde dann am 15. Oktober 1849 fertiggestellt und zwei Jahre später am 15. Oktober 1851 der letzte Streckenteil nach Mönchengladbach. Als dann auch noch am 26. Januar 1856 die KKE-Strecke in Krefeld ankam, wurde es schnell eng in diesem Bahnhof.

Der Neusser Bahnhof war am 17. Januar 1853 mit der Eisenbahnstrecke der Aachen-Düsseldorfer Eisenbahn eröffnet worden. Die KKE nutzte den Bahnhof mit, der aber noch einige Änderungen erfahren sollte. Die RKG wurde wie die Aachen-Düsseldorfer Eisenbahn am 1. April 1850 zunächst von der Königlichen Direktion der Aachen-Düsseldorf-Ruhrorter Eisenbahn-Gesellschaft und am 1. Januar 1866 von der BME übernommen.

Und auch die Übernahme der KKE ließ nicht lange auf sich warten. Mit der Strecke von Köln nach Krefeld erschöpfte die Gesellschaft ihre finanziellen Mittel, weil die Verbindung

Den Inselbahnhof Neuss erreicht die „Bügelfalte" 110 304 mit D 417 am 31. Januar 1987 auf ihrer Route von Amsterdam über Utrecht, Nimwegen und Neuss bis Köln-Deutz.

längst nicht so erfolgreich war wie erhofft. Jetzt kam die Stunde der RhE, die den Anschluss an das Ruhrgebiet und die Niederlande nicht verpassen wollte. Dem Konkurrenten KME war es nämlich bereits gelungen, 1856 mit der Strecke Oberhausen–Arnheim zu den niederländischen Häfen vorzustoßen.

„Teil eines größeren Ganzen"

Die schon für die linke Rheinstrecke im Dezember 1855 vorgelegte Denkschrift des RhE-Generalagenten Hauchecorne mit dem Titel „Über die Ertragsfähigkeit des erweiterten Eisenbahn-Unternehmens der Rheinischen Eisenbahngesellschaft auf dem linken Rheinufer der preußischen Rheinprovinz" betonte, dass die Köln-Krefelder Bahn zwar gegenwärtig eine „bloße Local-Bahn" sei, aber eine ganz andere Bedeutung erhalten werde, sobald diese Strecke nach Nimwegen verlängert und mit der Linie Köln–Bingen verbunden werde: „Die Strecke Köln–Krefeld wird dann als Teil eines größeren Ganzen und Kohlen nach den verschiedensten Richtungen versendend einen Güterverkehr haben, der dem jetzt auf der Strecke der Köln-Mindener Eisenbahn von Duisburg bis Köln würdig zur Seite stehen wird."

Das „große Ganze" war nach der Analyse Hauchecornes ein Transportnetz über die Köln-Krefelder Bahn von Nimwegen über Aachen und von Basel über Koblenz nach den

Durch den Bahnhof Krefeld fährt 215 024-1 am 25. März 1982 mit einem Eilzug über Kleve und Kranenburg nach Nimwegen.

Niederlanden. Profitieren würden von der Köln-Nimwegener Bahn beim Gütertransport, so Hauchecorne, vor allem Aachen mit seinen Tuch- und Metall-Fabrikaten, Gladbach und Kempen mit ihren zahlreichen Leine-, Baumwoll- und Seide-Manufakturen sowie Krefeld mit seinen Samt- und Seide-Produkten. Hauchecorne erklärte zudem, dass diese Bahn in Neuss, Mönchengladbach und dem „fast in unglaublicher Weise aufblühenden Krefeld" viele Reisende abgreifen könne. Im Schlusswort der Denkschrift verpflichtete sich die RhE bei den Konzessions-Bedingungen zur Übernahme der finanzschwachen KKE.

Ein verlockendes Angebot

Die Wünsche der Direktion erfüllte Preußen dann Monate später mit der Konzession zur „Erweiterung des Rheinischen Eisenbahnunternehmens" vom 5. März 1856. Drei Jahre später beschlossen die KKE-Aktionäre, mit der RhE zu verschmelzen und sich zugleich aufzulösen. Die vertragliche Vereinbarung zwischen den Gesellschaften erfolgte am 11. November 1859. Die RhE verpflichtete sich dann in der Konzession vom 23. Januar 1860, nach Betriebsübernahme der KKE die Züge in den damals frisch fertiggestellten Kölner Centralbahnhof zu leiten.

Die offizielle Streckenübernahme erfolgte am 1. Juli 1860. Damit waren die Bedingungen für die Verlängerung der linksrheinischen Strecke nach Norden mit Anschluss an das niederländische Eisenbahnnetz erfüllt. Jetzt diskutierten die betreffenden Städte und Gemeinden

Der Bahnhof Nimwegen wurde durch Bombardements im September 1944 schwer getroffen. Als 24 068 vom Bw Kleve 1953 im Depot Nimwegen restauriert wird, ist das Empfangsgebäude noch nicht wiederaufgebaut.

zunächst, ob die konzessionierte Linie über Geldern und Goch oder über Xanten und Moers verlaufen sollte. Das Komitee der Kreise Kempen, Geldern und Kleve unterbreitete der RhE dann das verlockende Angebot, die Eisenbahn von allen Kommunalabgaben zu befreien und kostenloses Gemeindeeigentum bereitzustellen. Die Kosten für den Kauf von privaten Grundstücken würden sich Gesellschaft und Gemeinde teilen. Diese Offerte konnte die Gesellschaft natürlich nicht ablehnen und so begann die RhE 1862 mit den Arbeiten. Die rund 65 Kilometer lange Strecke vom damaligen Krefelder Hauptbahnhof über Kempen, Geldern und Goch nach Kleve war am 3. März 1863 fertiggestellt. Die Reisenden gelangten jetzt mit der Eisenbahn in wenigen Stunden von Kleve nach Köln, was mit der Postkutsche zuvor drei Tage gedauert hatte.

Für den Anschluss an die Niederlande wendete sich die RhE jetzt an die NRM. Das Ergebnis war eine Verbindungsbahn von der bisherigen RhE-Endstation Kleve über Elten bis nach Zevenaar. Zwischen dem linksrheinischen Spyck und dem rechtsrheinischen Welle sollte ein Trajekt den Rheinübergang ermöglichen. Die Eisenbahnfähre war allerdings nur eine Notlösung, weil die preußische Regierung mal wieder aus militärischen Gründen eine feste Rheinbrücke nicht genehmigte.

Die RhE beauftragte ein Maschinenbau-Unternehmen mit dem Bau von zwei Trajektschiffen für die Rheinüberquerung und eine Brücke über das Flüsschen Wild bei Elten sowie über den Altrheinarm bei Griethausen. Bei der Eisenbahnfähre setzte sich nach mehreren Testfahrten eine Variante mit Dampfbooten und Drahtseilen durch. Die Strecke Kleve–Rheinfähre–Welle

Für die mächtige Eisenbahnbahnbrücke der Verbindung Spyck–Welle bei Griethausen verarbeitete die RhE 1.010.340 Pfund geschmiedetes sowie 15.560 Pfund gegossenes Eisen. Die Länge beträgt insgesamt 564 Meter mit einer Spannweite von 100 Metern.

mit der Verbindungsbahn nach Elten, die dann nach Zevenaar führte, wurde am 19. April für den Güterverkehr und am 21. April 1865 für den Personenverkehr eröffnet. Die Trasse zwischen dem Rhein und der Griethausen-Brücke legte die RhE auf einen hohen Damm, um sich gegen mögliches Hochwasser abzusichern. Diese Maßnahme war von der Gesellschaft zwar vorausschauend geplant, verhinderte allerdings nicht, dass besonders während der Wintermonate der Fährbetrieb immer wieder ruhen musste. Bei „normalem Wetter" nahm die „Operation", laut „Rhein-Ruhr-Zeitung", „zehn Minuten in Anspruch".

Die RhE baute in Spyck zudem einen Rangierbahnhof mit Zugang für den Personenverkehr. Vom Trajektbahnhof Welle führte die Bahnstrecke zum KME-Bahnhof Elten. Die RhE legte ihren Bahnhof in Elten gegenüber dem bereits bestehenden KME-Bahnhof an und das zugehörige Gleis parallel zur KME-Strecke Oberhausen–Arnheim.

Von Kleve sollte zudem die Strecke nach Nimwegen weiterführen, doch die niederländische Regierung blieb beim Anschluss an das dortige Schienennetz lange Zeit untätig. Nimwegens Stadtväter gründeten deshalb die Nimwegener Eisenbahngesellschaft, um mit der RhE das 27 Kilometer lange Reststück von Kleve nach Nimwegen zu vollenden. Der erste Eisenbahnzug mit der Lok „Pluto" fuhr dann am 9. August 1865 von Kleve über Kranenburg nach Groesbeek und Nimwegen. Allerdings mussten die Nimwegener rund 15 Jahre lang mit dem Paradoxum leben, für eine Zugfahrt nach Amsterdam oder Arnheim den umständlichen Umweg über Kleve und Elten zu nehmen. Nimwegen wurde nämlich erst am 15. Juni 1879 an das niederländische Bahnnetz angeschlossen.

Trotz dieser anfänglichen Einschränkung waren die Strecken von Kleve nach Nimwegen und Zevenaar für die RhE ein großer Erfolg. Die Städte Kleve, Goch und Kempten erlebten durch die Eisenbahn einen wirtschaftlichen Aufschwung. In Kleve entstand durch die neuen Transportmöglichkeiten ein großes Margarinewerk, dessen Produkte „Sana", „Sanella" oder „Blauband" landesweit bekannt wurden. In den nächsten Jahren verkehrten alle Güter- und Personenzüge der RhE zu den niederländischen Nordseehäfen über die Strecke von Kleve nach Zevenaar. Die Strecke kreuzte zudem ab 1870 in Krefeld und Kempen niveaugleich die Strecke der Crefeld-Kreis-Kempener Industriebahngesellschaft, die bis heute als Museumsbahn „De Schluff" existiert.

Vereint für Venlo

Schon bevor für die Köln-Krefelder Strecke der erste Nagel in die Schwelle geschlagen wurde, hofften die Städte Krefeld, Viersen und Dülken sowie kleine Gemeinden wie Kempen, Lobberich und Grefrath auch auf eine Strecke, die entweder von Köln oder von Düsseldorf ins niederländische Venlo führen sollte. Diese internationale Verbindung war als Teil einer Strecke gedacht, die Preußen schienenmäßig mit dem einzigen eisfreien niederländischen Nordseehafen Vlissingen verbinden sollte. Für diese vielversprechende Idee interessierte sich auch RhE-Präsident Mevissen. Gemeinsam mit dem Oberpräsidenten der Rheinprovinz Franz-August Eichmann setzte sich Mevissen ab 1845 deshalb für eine mögliche Linie von Köln über Mönchengladbach nach Venlo ein. Doch auf die Gründung der Niederrhein-Nordsee-Verbindungsbahn-Gesellschaft folgte kein Streckenbau, sondern mal wieder nur jahrelange Debatten, Denkschriften und Streitigkeiten über die mögliche Linienführung.

Bewegung kam erst wieder in das Projekt, als die niederländische Regierung 1860 beschloss, eine Ost-West-Verbindung von Vlissingen über Boxtel nach Venlo zu schaffen. Zunächst erteilte die Regierung am 21. August 1863 der englischen Bahnbaufirma Robert Sharpe & Sons die Konzessionen für Strecken von Breda und Utrecht nach Venlo. Das Unternehmen plante dann auch eine Strecke von Venlo über Kempen nach Krefeld, was aber durch die bekannt gewordenen Pläne der RhE einer Verbindung von Köln nach Venlo schließlich verhindert wurde. Vielmehr gründete sich mit finanzieller Unterstützung von Süchtelner und Dülkener Komitees die Aktiengesellschaft der Preußisch-Niederländischen Verbindungsbahn (PNV).

Die PNV bezweckte, laut Konzession vom 21. August 1863, den „Bau und Betrieb einer Lokomotivbahn von Venlo über Kaldenkirchen, Breyell, Boisheim und Dülken bis Viersen". Der Bahnhof Viersen entstand mit der am 15. Oktober 1849 von der RKG eröffneten Strecke Duisburg-Ruhrort–Mönchengladbach. In der Konzession war zudem fixiert, dass die PNV den Betrieb dieser Bahn auch einer anderen Gesellschaft übertragen konnte. Knapp acht Monate später vereinbarte Preußen mit den Niederlanden am 14. März 1864 zudem den Bau einer „Eisenbahn von Venlo nach Viersen und nach Kempen".

Diese Linie sollte in Venlo an die Niederländischen Staatsbahnen, in Viersen an die Strecke von Aachen nach Düsseldorf und Ruhrort sowie in Kempen an die Strecke Köln–Nimwegen angebunden werden. Den ersten rund 18 Kilometer langen Abschnitt von Viersen nach Kaldenkirchen stellte die PNV am 29. Januar 1866 fertig. Bereits zuvor am 1. Januar war die PNV zusammen mit der RKG an die BME veräußert worden. Damit war der Dauerkonkurrent der RhE in Richtung Ruhrgebiet

Holländischer Salat wartet 1928 im Grenzbahnhof Kranenburg auf dem Abschnitt Nimwegen–Kleve auf den Weitertransport. An der Güterabfertigung rangiert eine preußische G 7.1.

Stolz präsentieren sich 1849 die Bediensteten des neuen Bahnhofs Willich an der Strecke Krefeld–Rheydt. Mittlerweile „dient" hier niemand mehr und der Bahnhof befindet sich in Privatbesitz.

wieder einen Schritt voraus. Im Gegenzug erhielt die RhE von Preußen die Genehmigung, die bereits bestehende PNV-Strecke von Kaldenkirchen aus bis zum Bahnhof Kempen ihrer Köln-Krefelder Bahn zu bauen. Damit triumphierten auch die Gemeinden Lobberich, Mülhausen/Oedt und Grefrath, die immer wieder einen Bahnhof für sich an der Strecke forderten. Die RhE-Direktion ließ ebenfalls die Sektkorken knallen, denn dadurch besaß die Gesellschaft eine weitere günstige Verbindung vom Niederrhein zu den Niederlanden. Zudem bilanzierte die RhE für 1864 insgesamt für alle Strecken rund 3,6 Millionen beförderte Personen und rund 25.000 Zentner an transportierten Gütern, was ein Fuhrpark von 104 Lokomotiven ermöglichte. Aus der Differenz von Einnahmen und Ausgaben resultierte im selben Jahr ein Überschuss von rund 1,3 Millionen Talern.

Die rund 20 Kilometer lange Strecke von Kaldenkirchen nach Kempen eröffnete die RhE am 23. Dezember 1867 für den Güterverkehr und am 1. Januar 1868 für den Personenverkehr. Der 1866 errichtete Bahnhof Kaldenkirchen avancierte durch die Strecken Mönchengladbach–Venlo der BME und Kempen–Venlo der RhE zum viel frequentierten Grenz- und Inselbahnhof mit umfangreichen Zoll- und Gütertransportanlagen. Die BME- und RhE-Trassen verliefen ab Kaldenkirchen zudem parallel, was den Eindruck einer zweigleisigen Strecke erweckte.

Auf der Strecke Kempen–Kaldenkirchen hält 1953 im Bahnhof Lobberich 64 194 vor P 2011. Das Empfangsgebäude wurde 1976 abgerissen, aber die Rokal-Freunde Lobberich haben den Bahnhof im Modell nachgebildet, zumal die gleichnamige Modellbahnfirma in Lobberich ihren Firmensitz besaß.

Die Fahrzeit von Kempen nach Venlo betrug für Personenzüge allerdings über eine Stunde, weil die Zollabfertigung in Kaldenkirchen zeitaufwendig war. Dennoch verkürzten sich mit dem neuen Verkehrsmittel die Wege der Weber zu den Manufakturen. Waren wurden zudem so schnell wie nie zuvor über die Grenze zu den niederländischen Seehäfen transportiert.

Eine Route als Rohrkrepierer

Um ihr Streckennetz zu optimieren, baute die RhE am 1. Februar 1877 vom Bahnhof Krefeld eine zwei Kilometer lange Trasse über Oppum nach Linn. Damit entstand vom Niederrhein zugleich eine direkte Verbindung zur RhE-Ruhrgebietsstrecke.

Nach dem immerwährenden Motto „Konkurrenz belebt das Geschäft" visierte die RhE ebenfalls von Krefeld aus den Eisenbahnknoten zwischen Mönchengladbach und Rheydt an, wo Strecken nach Aachen, Duisburg und Düsseldorf führten – welche allerdings die BME besaß.

Die RhE wollte jetzt ein Hecht im ertragreichen Karpfenteich sein. So entschloss sich die Gesellschaft, im Verkehrsviereck zwischen Krefeld, Neuss, Mönchengladbach und Rheydt zu einer Verbindung von Krefeld über Willich, Neersen, Neuwerk, Dünn, Bökel und Speick bis Rheydt-Morr. Obwohl Handelsminister Heinrich Friedrich von Itzenplitz diese beabsichtigte Abzweigung zunächst nicht als nützlich anerkennen wollte, kam die Konzession dann doch am 20. November 1871. Bewusst legte die RhE die Strecke so gradlinig wie möglich an, um Kosten und Fahrzeit zu sparen. Die Bahnhöfe Gladbach und Viersen wurden deshalb umfahren. Mevissen rechnete dadurch mit einem höheren Personen- und Gütertrag. Eine Rechnung, die, trotz schlossähnlicher Bahnhofspaläste und großzügig gestalteter Güteranlagen mit Werksanschlüssen, nicht aufgehen sollte.

Am selben Tag wie die Strecke Krefeld–Rheydt, nämlich am 15. November 1877, eröffnete die RhE eine Verbindung, die vom Bahnhof Neuss über Kaarst und Schiefbahn bis Neersen an die RhE-Strecke zwischen Krefeld nach Rheydt führte. Das restliche Teilstück bis Viersen stellte die Gesellschaft am 1. November 1878 fertig. Das Dörfchen Neersen wurde dadurch sogar zu einem Eisenbahnknotenpunkt und die Bevölkerung staunte über das großzügig gebaute Empfangsgebäude. Die Route war dennoch keine sprudelnde Geldquelle, sondern ebenfalls ein finanzielles Fiasko.

Am einstigen Inselbahnhof Kaldenkirchen hält am 13. April 1982 ein Akkutriebwagen der Baureihe 515. Nur wenige Wochen später wurde der Personenverkehr eingestellt. Am 31. Oktober 2000 folgte das Ende des Güterverkehrs zwischen Grefrath und Kaldenkirchen.

5

Entwicklungshilfe für die Eifel: Die Strecke Köln–Trier

Wichtige Eröffnungsdaten:
6. Oktober 1864: Düren–Euskirchen
27. Juni 1865: Euskirchen–Mechernich
1. November 1867: Mechernich–Kall
19. Juni 1868: Kall–Sötenich
15. November 1870: Sötenich–Nettersheim–Blankenheim (Wald)
15. Juni 1871: Gerolstein–Erdorf–Ehrang–Trier

Probleme in „Preußisch Sibirien"

„Kalte, steinige und düstere Landstriche mit unansehnlichen Dorfschaften, in der sehr arme Menschen wohnen" – diese erbärmlichen Lebensverhältnisse schilderte im 19. Jahrhundert eine Ausgabe des „Handbuchs der Geographie" und meinte damit die Eifel. Das Mittelgebirge zwischen Nordrhein-Westfalen und Rheinland-Pfalz wurde wegen seiner nährstoffarmen Böden und der schwach ausgeprägten Industrialisierung schon immer als „preußisches Sibirien" verspottet; hinzu kam eine mangelnde Verkehrserschließung. Die zur Römerzeit entstandenen Landstraßen befanden sich im 19. Jahrhundert oft in marodem Zustand. Auch die preußischen Provinzialstraßen besserten die unbefriedigende Situation nicht wesentlich, weil dieser Weg für Transporte mit Pferd und Ochse über weitere Entfernungen ungeeignet war.

Die Eisenbahn versprach Besserung. Deshalb drängten Besitzer von Fabrik- und Handwerksbetrieben aus dem Schleidener Tal, wo damals noch eine florierende Eisenindustrie existierte, nach Fertigstellung der Verbindung Köln–Herbesthal im Oktober 1843 von dieser Strecke ausgehend auf den Bau einer Zweigbahn in die Eifel. Ansässige Unternehmer gründeten daraufhin eine Aktiengesellschaft, die für den Gütertransport eine Zweigbahn von Düren über Kommern zu den Schleidener Eisenhütten favorisierte. Dadurch sollten Kohle und Eisenerz aus dem Ruhrgebiet schnell und günstig ins Schleidener Tal transportiert werden. Preußen hielt sich jedoch beim Bahnbau noch zurück. Somit waren für solche Projekte die Privatgesellschaften der Ansprechpartner und in diesem Fall die RhE als mächtigstes Unternehmen der preußischen Rheinprovinz. Diese und ähnliche Pläne wurden jedoch von der Gesellschaft zunächst zurückgewiesen. Die RhE begründete ihre Ablehnung mit den enormen Geländeschwierigkeiten und den daher drohenden Kosten – zudem versprach sich das Unternehmen von einer Strecke durch dünn besiedelte Regionen nicht viel Rendite. Verzweifelt gründeten Unternehmer aus dem Schleidener Tal und Bergwerkbesitzer aus Mechernich erneut ein Komitee für eine „Eisenbahn von Düren über Kommern nach Trier". Die daraufhin gegründete Eifel-Eisenbahn-Gesellschaft erhielt am 16. Mai 1853 von Preußen eine entsprechende Konzession.

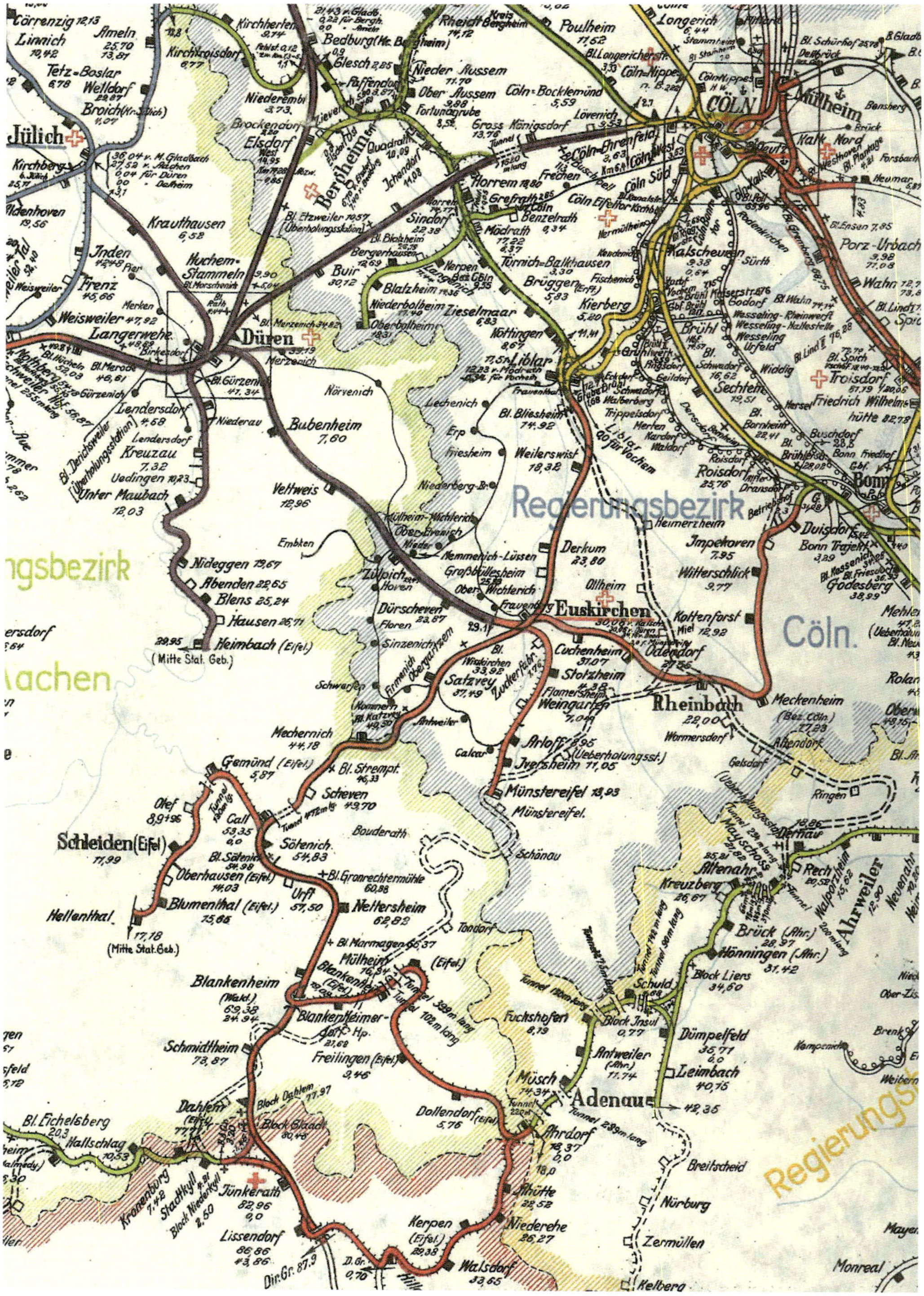

Der Kartenausschnitt der KED Köln von 1917 zeigt den Verlauf der Eifelstrecke von Köln über Euskirchen und Kall mit den Zweigbahnen nach Hellenthal, Bad Münstereifel und Lissendorf.

Der Bahnhof Düren entstand 1843 mit der Strecke Köln–Aachen. Durch die Eifelstrecke und die Verbindung Düren–Bedburg–Grevenbroich–Neuss wurde der Bahnhof noch bedeutender, zumal sich 1873 mit der BME auch der ärgste Konkurrent mit seiner Nebenbahn nach Jülich ansiedelte.

Und es fand sich bald darauf der englische Unternehmer George Burge, der für 2,4 Millionen Taler die gewünschte Eisenbahn von Düren bis Schleiden bauen wollte. Dann brach jedoch der Krimkrieg aus, in den Russland, das Osmanische Reich sowie auch dessen Verbündeter Großbritannien verwickelt waren. In diesen unsicheren Zeiten weigerte sich der Engländer Burge, den Plan umzusetzen.

Konzessioniert, aber noch nicht ausgeführt

Von diesen Rückschlägen ließ sich das Eifeler Komitee aber nicht entmutigen und profitierte schließlich davon, dass Preußen am 5. März 1856 bei seiner Konzessionsvergabe für die linksrheinische Verbindung von Rolandseck nach Bingen den beauftragten Bauherrn RhE verpflichtete, auch die, laut Genehmigungstext, „früher von uns konzessionierte, aber nicht zur Ausführung gelangte Eisenbahn von Düren nach Schleiden auszudehnen".

Auf welchen Wegen die Strecke durch die Eifel verlaufen sollte, blieb zunächst jedoch völlig unklar. Handelsminister August von der Heydt beendete die Diskussionen im Oktober 1858 und beauftragte die Eisenbahndirektion Saarbrücken, für eine direkte Verbindung von Trier mit Aachen, Koblenz und Köln die zweckmäßigsten Linien zu ermitteln. Offen blieb zunächst, ob die Bahn von Köln nach Düren weiter über Kommern und Schleiden oder über Mechernich,

Der Pendlerbahnhof Euskirchen ist ein Knotenpunkt für mehrere Verbindungen, wozu neben der Eifelstrecke auch die Stichbahn nach Bad Münstereifel gehört. Am 13. Mai 1982 endete hier der Akkutriebwagen 515578/815721, während auf Gleis 1 ein Eilzug aus Gerolstein angezeigt wird.

Euskirchen und Kall fahren sollte. Wegen der größeren Streckenlänge und den schwierigen Geländeverhältnissen kamen die Beteiligten zum Ergebnis, dass die Variante nach Schleiden zu kostenträchtig war. Dieses Resultat spielte der RhE in die Karten. Präsident Mevissen sprach sich bei der Aktionärsversammlung vom 19. Mai 1859 für eine Streckenführung von Düren über Euskirchen und Kall nach Trier aus, weil eine Bahn von Düren nach Schleiden, so Mevissen, „eine Gegend durchschneidet, in der nur Ackerbau betrieben wird".

Die RhE beantragte deshalb im Mai 1862 beim zuständigen Ministerium, von einer angedachten Ausführung der Variante nach Schleiden entbunden zu werden. Im Gegenzug bot die Gesellschaft an, die Eifelstrecke von Euskirchen aus mit seiner linksrheinischen Rheinstrecke zu verbinden.

Durch die schließlich erfolgte Zusage des Ministeriums an die RhE für die Streckenvariante von Düren nach Kall sammelten die Kreise Düren und Euskirchen auch durch die Aktienübernahmen des Mechernicher Bergwerksverein ein Baukapital von rund 1,25 Millionen Taler. Die RhE war allein deshalb für diese Aufgabe prädestiniert, weil deren Bahnhöfe in Köln und an der linken Rheinstrecke bis Brühl schon vorhanden waren. Dadurch blieb das Schleidener Tal jedoch erst einmal außen vor. Die Zeit drängte für die Eifel, denn „die Frage, ob in nächster

Der Bahnhof Kottenforst an der Strecke Bonn–Euskirchen mit seinem repräsentativen Fachwerkgebäude war eine Lieblingsstation von Kaiser Wilhelm II., der in seiner Bonner Studienzeit gerne im Waldgebiet Kottenforst auf die Jagd ging.

Zeit die Bahn von Köln nach Trier verwirklicht werden soll, ist eine Lebensfrage für alle Eifelbewohner", kommentierte 1862 das „Unterhaltungsblatt für den Kreis Schleiden". Dabei wurde der RhE von verschiedenen Seiten immer wieder vorgeworfen, durch Trickserei und Finessen den Bau der Eifelbahn zu verzögern.

Diese kritische Haltung gegenüber den privaten Eisenbahngesellschaften war aber nichts Neues, denn auch dem großen RhE-Konkurrenten BME wurde bei verschiedenen Streckenwünschen, besonders im Bergischen Land, immer wieder eine Hinhaltetaktik vorgeworfen. Die RhE wurde deshalb am 21. April 1864, also einige Monate vor der Fertigstellung des ersten Abschnitts von Düren nach Euskirchen, vom Preußischen Eisenbahnkommissariat nun endgültig dazu verpflichtet, den Bau und Betrieb einer Eisenbahn von Kall nach Trier zum Anschluss an die bereits bestehende Staatsbahn Saarbrücken–Trier–Luxemburg zu übernehmen. Der Staat garantierte der RhE für dieses Projekt eine vierprozentige Verzinsung des aufzuwendenden Kapitals. Zudem wurde die RhE, wie von der Gesellschaft beantragt, vom Bau der Düren-Schleidener Bahn entbunden. Das erforderliche Kapital von elf Millionen Talern sollte neben der Zinsgarantie durch Aktienverkäufe beschafft werden. Im Frühjahr 1864 begannen dann die lang ersehnten Bauarbeiten.

Eine Schönheit an der Schiene

Rund 4.000 Menschen bejubelten am 6. Oktober 1864 um sieben Uhr morgens den von der Lok „Roer“ gezogenen Eröffnungszug von Düren nach Euskirchen. Die zunächst eingleisige Hauptbahn führte von Düren über die Zülpicher Börde, auf der intensiv Landwirtschaft betrieben wurde. Der Transport von Zuckerrüben entwickelte sich für diese Strecke, die als Bördebahn bekannt wurde, zu einer einträglichen Erwerbsquelle. Düren stieg durch die neue Zweigbahn und die schon seit 1843 vorhandene Strecke nach Aachen zu einem viel frequentierten Inselbahnhof auf, der rasch Zuwachs bekam. Dafür sorgte zunächst die RhE selbst mit einer Verbindung von Düren über Bedburg und Grevenbroich nach Neuss. Mit dieser am 30. Januar 1867 konzessionierten und laut RhE „ohne besondere technische Schwierigkeiten“ am 1. September 1869 fertiggestellten Verbindung sorgte die Gesellschaft laut eigener Mitteilung vom 17. April 1868 für „die kürzeste Verbindung des Westfälischen Kohlen-Reviers mit der Eifel“.

Mit einer Verbindungskurve zwischen der linksniederrheinischen Strecke in Neuss und der Euskirchener verhinderte die RhE das umständliche Kopfmachen in Düren. Im Herbst 1869 feierte die RhE dann ein ganz besonderes Jubiläum, nämlich das 25. Amtsjubiläum ihres Präsidenten Gustav Mevissen. Als Dankeschön schenkte die Gesellschaft ihrem Präsidenten ein reichhaltiges Tafelsilber mit Ansichten vom Kölner Centralbahnhof, dem Bahnhof Rolandseck und der Koblenzer Rheinbrücke.

In Düren siedelte sich dann der ärgste RhE-Konkurrent BME mit einer am 1. Oktober 1873 eröffneten Nebenbahn nach Jülich an. Auf Druck der örtlichen Betriebe im Rurtal baute die Staatsbahn vom selben Bahnhof aus eine Stichstrecke nach Heimbach, die am 1. September 1903 in ihrer kompletten Länge von 30 Kilometern fertiggestellt war.

Es folgte noch am 6. Oktober 1908 die eingleisige Nebenbahn von Düren nach Distelrath der Dürener Kreisbahn (DKB) und für die Industriebetriebe im nördlichen Düren und in Birkesdorf die schmalspurige Kleinbahn der Dürener Eisenbahn AG (DEAG), die sich in Düren ab dem 3. Juli 1927 mit einer Übergabestation an die Staatsbahn positionierte.

Rheinische Eisenbahn.

Am 15. November cr. wird die Strecke Call-Gerolstein dem Verkehre übergeben und tritt vom genannten Tage ab nachfolgender Fahrplan in Kraft:

		Vormittags	Abends			Vormittags	Nachmittags
Cöln	Abf.	7. 7	6. —	Gerolstein	Abf.	6. 55	5. 5
Neuss	„	6. 35	2. 35	Hillesheim	„	7. 17	5. 27
Aachen	„	7. —	5. 25	Jünkerath	„	7. 33	5. 43
Düren	„	8. 15	7. 5	Schmidtheim	„	7. 55	6. 5
Euskirchen	„	9. 10	8. --	Blankenheim	„	8. 4	6. 14
Call	Ank.	10. —	8. 50	Call	Ank.	8. 25	6. 35
Call	Abf.	10. 10	9. —	Call	Abf.	8. 30	6. 40
Blankenheim	„	10. 47	9. 37	Euskirchen	Ank.	9. 5	7. 15
Schmidtheim	„	11. —	9. 50	Düren	„	10. —	8. 5
Jünkerath	„	11. 13	10. 3	Aachen	„	10. 55	9. 25
Hillesheim	„	11. 26	10. 16	Neuss	„	11. 50	—
Gerolstein	Ank.	11. 40	10. 30	Cöln	„	11. 27	9. 35

Die Fahrpreise etc. sind aus den Placatfahrplänen ersichtlich.
Cöln, den 12. November 1870.

Die Direction.

Der Fahrplan zur Eröffnung des Abschnitts Kall–Gerolstein am 15. November 1870. Die RhE-Züge benötigen zu diesem Zeitpunkt von Köln bis Gerolstein viereinhalb Stunden.

Während die RhE den Bahnhof Düren im Stadtkern baute, befand sich der Bahnhof Euskirchen außerhalb des damaligen Zentrums. Die Bahnhofsanlagen besaßen einen Güter- und Lokschuppen, eine Drehscheibe und fünf Stellwerke. Von Euskirchen aus sollte nach dem Wunsch des Bonner Eisenbahnkomitees zudem eine schnelle Anbindung nach Bonn mit Anschluss an die linke Rheinstrecke gebaut werden, was die RhE ja auch versprochen hatte. Doch es sollten noch 17 Jahre vergehen, ehe die Gesellschaft am 7. Juni 1880 die 34 Kilometer lange Verbindung von Euskirchen nach Bonn eröffnete. Stationen waren unter anderem Bonn-Duisdorf, Odendorf und Kuchenheim. Während die meisten Stationen eher wie klassische Kleinstadtbahnhöfe anmuteten, bekam der Bahnhof Kottenforst ein repräsentatives Gebäude im Fachwerkstil. Bahnhöfe waren zu diesem Zeitpunkt mehr als reine Haltepunkte, weshalb sich die Bahnhofsgaststätte als Ausflugsziel schnell großer Beliebtheit erfreute. Populär ist der Kaiserbahnhof auch bei vielen Eisenbahnfreunden, die ihn als einen der schönsten Bahnhöfe Deutschlands betrachten.

Die Schönheit an der Schiene war sogar Bestandteil im Bahnhofsprogramm einer renommierten Modellbaufirma. Komplettiert wurde die Idylle rund um dieses „Kleinod deutscher Zimmermannskunst“ einst von einer Feldbahn, die gefälltes Holz zu einem Sägewerk transportierte. Die ansässigen Industriebetriebe in Bad Münstereifel wollten ebenfalls eine Eisenbahnverbindung, weshalb die Staatsbahn von Euskirchen aus zum 1. Oktober 1890 dorthin eine rund 14 Kilometer lange Stichbahn fertigstellte.

Tod im „Goldenen Tor“

Von Euskirchen sollte es jetzt für die RhE weiter in Richtung Mechernich und Kall gehen. Trotz der günstigen Voraussetzungen kam es während des Streckenbaus immer wieder zu Verzögerungen, weil viele Bauern im Kylltal ihren Besitz für den Eisenbahnbau nicht hergeben wollten, was zeitraubende Enteignungsverfahren nach sich zog.

Am 27. Juni 1865 erreichten die Schienen zumindest schon einmal den nächsten Abschnitt nach Mechernich. Dort wartete besonders das ansässige Bleibergwerk händeringend auf den Eisenbahnanschluss. Und das Warten wurde belohnt, denn die RhE eröffnete diesen Abschnitt vorzeitig für den Güterverkehr, um den erhöhten Transportbedarf zu bedienen. Die Bleibergwerksbesitzer bauten daraufhin eine Werksbahn mit Anschluss an den Bahnhof Mechernich. Anlässlich der Eröffnung betonte die RhE-Direktion nochmals, dass die Eifelbahn „für die Eifel eine eigentliche Lebensfrage ist“, und hoffte auf den baldigen Weiterbau nach Trier.

Diese erhoffte Konzession erhielt die RhE am 12. November 1866. Die anfängliche Leichtigkeit des Bauens änderte sich allerdings. In der Region um Kall musste die RhE wegen der dortigen Felsen einen gewaltigen Höhenunterschied überwinden. So entstand zwischen Scheven und Kall an der Wasserscheide Rhein-Maas in zweijähriger Bauzeit der rund 470 Meter lange und etwa 300.000 Taler teure Kaller Tunnel. Der Tunnelbau war ein mühsames Unterfangen, denn zumeist mussten sich die oft schlecht bezahlten Arbeiter mit Pickel und Schaufel durch den Felsen schlagen und das Geröll mit der Schubkarre abtransportieren. Dabei hätte dieses Bauwerk beinahe kurzfristig den Weiterbau gefährdet. Im August 1866 stürzte während der

Am Bahnhof Satzvey kreuzte die Euskirchener Kreisbahn höhengleich die Eifelstrecke, auf der am 23. August 1960 50 1711 vom Bw Euskirchen unterwegs ist. Nach Einstellung der Kreisbahn Ende 1965 wurde die Schienenkreuzung in einen Straßenübergang umgebaut.

Bauarbeiten der Tunnel teilweise ein, was einem Arbeiter das Leben kostete. Doch das zählte offensichtlich zum „Berufsrisiko", denn kurz nach dem Todesfall meldete das „Euskirchener Wochenblatt", dass „der Bau des Tunnels durch den Unfall keine Unterbrechung erleiden wird". Somit ging das Teilstück Mechernich–Kall am 1. November 1867 in Betrieb. Trotz des tragischen Ereignisses feierte die Bevölkerung die Eröffnung ausgiebig, denn jetzt sollte das Leben besser werden. Der Schleidener Landrat Freiherr Clemens August von Harff betrachtete den Tunnel sogar als ein „goldenes Tor, durch das ein goldenes Zeitalter für die Eifel einziehen möge".

Das goldene Zeitalter begann mit täglich vier Zugpaaren, die von Kall nach Köln und zurückfuhren. Während des Bahnbaus passierten immer wieder weitere Unfälle. Die RhE versicherte zwar, alles Menschenmögliche zu tun, um Unglücksfälle zu vermeiden, verwies aber andererseits auf die Unvorhersehbarkeit der Ereignisse.

Die nächste Eröffnung folgte am 19. Juni 1868 mit der Inbetriebnahme des Abschnitts Kall–Sötenich. Auf dem Weg dorthin überwanden die Züge am Bahnhof Schmidtheim mit 550 Metern über dem Meeresspiegel den höchsten Punkt der Strecke, was mittels einer Rampe namens „Schmidtheimer Berg" bewältigt wurde. Weniger zu bewältigen gab es für die RhE wieder ab Jünkerath, wo die Trasse entlang der Kyll durch ein breites Tal gebaut wurde. Rund zweieinhalb Jahre später erreichten die Schienenstränge über Nettersheim und Blankenheim (Wald) am 15. November 1870 den späteren Eisenbahnknoten Gerolstein. Die Trasse wurde

Der Bahnhof Schmidtheim ist der höchstgelegene Bahnhof der Eifelstrecke, wo sich am 12. Juni 1984 215 041 mit N 7640 nach Köln und die im Bahnhof rangierende 211 273 begegnen.

dann praktisch parallel zur Kyll weitergebaut, was sich allerdings besonders durch den Engpass zwischen den Orten Kyllburg und Kordel als problematisch erwies und zehn Tunnel mit einer Gesamtlänge von 2.775 Metern sowie 17 Brücken erforderte.

Ärger in Erdorf

Im Kreis Bitburg stieß die RhE auf Probleme ganz anderer Art. In der Gemeinde Erdorf wollte die Gesellschaft für den geplanten Bahnhofsbereich die Pfarrscheune abreißen und einen Teil des Gemeindefriedhofs einbeziehen. Die RhE machte die Rechnung aber ohne Erdorfs Bürgermeister, der seine Zustimmung verweigerte. Der zuständige Regierungsbeamte stellte die Arbeiten wegen der Proteste und den Drohungen des Bürgermeisters, die Arbeiten notfalls durch Gendarme zu stören, an der betreffenden Stelle vorläufig ein.

Der Widerstand nutzte aber nichts, der Bahnhofsbereich wurde wie geplant umgesetzt. Damit war der Ärger in Erdorf für die RhE noch nicht ausgestanden. Die Bauordnung sah nämlich vor, dass die Strohdächer der Häuser in unmittelbarer Nähe der Strecke durch Ziegel- und Schiefer ersetzt werden mussten, weil sonst durch den Funkenflug der Dampflokomotiven erhebliche Brandgefahr drohte. Die Erdorfer Bürger schätzten jedoch ihre Strohdächer, die im Winter vor Kälte und im Sommer vor Hitze schützten. Wieder kam es zu Protesten und erst mehrere Versammlungen mit Regierungspräsident und Landrat stimmten die Erdorfer um.

Doch nicht an jeder geplanten Station konnte die RhE ihre Pläne umsetzten. Den ursprünglich geplanten Bahnhof für Speicher an der Friedrich-Wilhelm-Brücke wollte die RhE wegen der dortigen schwierigen Bodenverhältnisse nun doch nicht bauen und plante als Ersatz eine Station in Philippsheim. Speicher mit seinem florierenden Tonwarengewerbe protestierte beim Minister für öffentliche Arbeiten in Berlin, der daraufhin am 4. Oktober 1869 auch den Bau des Bahnhofs Speicher anordnete.

Das enge Kylltal und die Bodenverhältnisse zwangen die RhE aber dazu, den Bahnhof vier Kilometer vom Stadtkern entfernt talwärts zu bauen. Dafür mussten an der Ein- und Ausfahrt der Station der 333 Meter lange Friedrich-Wilhelm- und der rund 300 Meter lange Loskyller Tunnel gebaut werden. Der landschaftlich reizvoll gelegene Bahnhof erhielt eine große Verladerampe für den Militärtransport, die nach dem Ersten Weltkrieg wieder abgebaut wurde. Es war auch das Militär, das nach dem Ausbruch des Krieges 1870 gegen Frankreich vehementen Druck auf die RhE ausübte, die Strecke so schnell wie möglich fertigzustellen. „Um eine schon ansehnliche Strecke der Eifelbahn für die Militärtransporte nutzen zu können, ward die Fertigstellung der Linie Kall–Gerostein mit allen möglichen Kräften betrieben“, vermerkte die RhE am 2. November 1870. Paradoxerweise sorgte aber die Preußische Streitmacht dafür, dass die ursprünglichen Eröffnungspläne fast nirgendwo eingehalten wurden, weil das Militär für seine Waffen- und Soldatentransporte den Vorrang bekam.

Jünkerath hat seine Bedeutung als wichtiger Knotenbahnhof längst eingebüßt. Als am 12. Juni 1984 215 034 mit N 7637 in den Bahnhof einfährt, zweigt links im Hintergrund noch die Vennquerbahn ab, die bis ins belgische Weywertz führte.

Zweigleisig in die Zukunft

Allen Schwierigkeiten, Unfällen und Verzögerungen zum Trotz konnte am 15. Juni 1871 der letzte Teilabschnitt von Gerolstein über Erdorf und Ehrang nach Trier eröffnet werden. Zu diesem Zeitpunkt nutzte Preußen die Eifelstrecke schon seit einigen Wochen für den Rücktransport deutscher Truppen aus Frankreich. So musste die ursprünglich für den 1. Juni geplante Eröffnung wegen der Militärtransporte um zwei Wochen verschoben werden. Die Güter- und Personenzüge der Eifelstrecke endeten damals am Bahnhof Trier, der 1860 für die Saarstrecke zwischen Saarbrücken und Karthaus entstanden war. Die RhE kaufte für die Strecke unter anderem vier Personenzug-Tenderlokomotiven, darunter die Lok „Sedan" bei der Firma Beyer, Peacock & Co. in Manchester und bei der Berliner Firma Borsig. Die RhE beauftragte zudem bei der Stettiner Maschinenbau Actien-Gesellschaft Vulcan sieben 2'B n2-Personenzuglokomotiven, die wegen der engen Streckenkurven ein führendes Drehgestell besaßen.

Die Baukosten für die Eifelbahn betrugen am Ende rund zwölf Millionen Taler. Viele Bahnhöfe waren aus rotem Kylltalsandstein gebaut, was ihnen neben der Größe ein repräsentatives Aussehen verlieh. Trotz der vielen Tunnel, prächtigen Bahnhofsbauten und aufwendigen Brücken bilanzierte die RhE, dass die Kosten im Rahmen der Vorabkalkulation geblieben waren. Für die Fahrt von Jünkerath bis Trier benötigten die Züge anfangs rund zwei Stunden.

Stolze Eisenbahner: Der Bahnhofsvorstand Lissendorf posierte 1902 unter der Brücke der Bahnhofstraße.

Rheinische Eisenbahn.

Am 1. April cr. wird die Zweigbahn Ehrang-Quint dem Verkehre übergeben und nach folgendem Fahrplane befahren werden:

	1		2			3		4	
	Güterzüge mit Personenbeförderung in II- u. III. Classe.					Güterzüge mit Personenbeförderung in II. u. III. Classe.			
	Uhr	Min.	Uhr	Min.		Uhr	Min.	Uhr	Min.
	Nachmittags					Nachmittags			
Trier ab	1		8	30	Quint ab	2	7	9	30
Ehrang ab	1	20	8	50	Ehrang ab	2	20	9	43
Quint an	1	28	8	58	Trier ab	2	35	9	58

Cöln, den 25. März 1872. Die Direction.

Güterzüge mit Personenbeförderung der Klasse 2 und 3 bot die RhE bei der Eröffnung der Zweigbahn Ehrang–Quint zur Eröffnung am 1. April 1872 an.

In Trier konnten die Fahrgäste in die Züge der Saarstrecke umsteigen und über Düren gab es Anschlüsse nach Aachen und Köln.

Den Schwerpunkt des Güterverkehrs bildeten die Transporte zwischen den Industriegebieten an Rhein und Ruhr sowie zwischen Luxemburg, Saar und Lothringen. Die Bauern, von denen sich ja so mancher gegen die „Auswüchse“ des Bahnbaus wehrte, konnten jetzt schneller und effizienter ihre landwirtschaftlichen Produkte zum günstigen Preis aufladen. Der Fremdenverkehr stieg an, wie die „Trierische Zeitung“ am 7. August 1871 zufrieden bilanzierte, und die Eisenbahn bot für die Menschen der Region viele neue Arbeitsplätze.

Trotz dieser positiven Entwicklung erzielte die RhE 1872 einen mageren Reingewinn von 132 Talern. Somit musste Preußen einen sechsstelligen Zuschuss beisteuern, was sich in den kommenden Jahren durch gestiegene Betriebskosten wiederholen sollte. Um den Profit in der Region zu steigern, war die RhE noch vor Vollendung der Strecke am Ankauf der Luxemburger Eisenbahn interessiert. Diese Pläne blieben zwar graue Theorie, aber immerhin führte die RhE ab dem 1. April 1873 den „direkten Personen- und Gepäckverkehr via Call–Trier–Luxemburg“ ein.

Auch in anderen Bereichen wurde die Eifelbahn nun stetig ausgebaut und erweitert. So unter anderem in Quint mit seiner florierenden Eisenhütte, wo die RhE am 1. April 1872 von der Station Ehrang aus ein Anschlussgleis vorwiegend für den Güterverkehr fertigstellte.

Ein Nachteil der Strecke war allerdings, dass die Eifeler die Metropole Köln anfangs nur durch den Umweg über Düren erreichen konnten. Das änderte sich erst, als die RhE am 1. Oktober 1875 eine direkte Verbindung von Euskirchen über Weilerswist und Liblar nach Hürth-Kalscheuren an die linksrheinische Strecke eröffnete. Um die Verbindung Köln–Trier, die auch mit der 1879 von der Staatsbahn fertiggestellten Moseltrasse von Koblenz nach Trier konkurrierte, noch mehr zu beleben, regte die RhE verschiedene Zweigstrecken an. In einem Bericht vom 19. Juni 1879 an das Ministerium war unter anderem eine Verbindung zwischen der Eifelbahn und der Prinz-Heinrich-Bahn von Erdorf über Bitburg bis Minden vermerkt. Zunächst folgte aber von Dezember 1879 bis 1881 der zweigleisige Ausbau der Strecke.

Quer durch die Eifel und das Hohe Venn

Die „Sprudelstadt" Gerolstein wurde Ausgangsstation einiger staatlicher Nebenbahnen und damit ein viel frequentierter Trennungsbahnhof. Die zunächst am 22. Dezember 1883 zwischen Gerolstein und Prüm eröffnete Westeifelbahn verlängerte die Staatsbahn am 1. Oktober 1888 über Bleialf und Pronsfeld bis ins belgische St. Vith. In Pronsfeld bogen zudem Stichbahnen nach Neuerburg und Waxweiler ab. Hinzu kam in Gerolstein die durchgehend zweigleisige, zwölf Kilometer lange Entlastungsbahn nach Hillesheim, die am 30. Juni 1912 ebenfalls von der Staatsbahn eröffnet, allerdings nach schweren Zerstörungen im Zweiten Weltkrieg von der Bundesbahndirektion Trier nicht mehr aufgebaut wurde.

Um das Stationsgebäude Jünkerath baute die RhE unter anderem einen Holz- und Güterschuppen mit Rampe sowie den üblichen Versorgungsanlagen für die Dampflokomotiven. Die RhE errichtete zudem in der Ortsgemeinde zwei Eisenbahnersiedlungen und legte 1871 ein Anschlussgleis zur ansässigen Eisenhütte.

Auch für Jünkerath plante die RhE mehrere Zweigbahnen, die im Juni 1879 dem Minister für öffentliche Arbeiten vorgestellt wurden. Dazu zählten die Verbindungen Jünkerath–Stadtkyll–St. Vith sowie von Jünkerath nach Mayen.

Bewegung kam in das Projekt einer Vennquerbahn, als vom Bahnhof Remagen aus die Ahrtalbahn am 15. Juli 1888 bis nach Adenau verlängert wurde. Dann ging es zunächst nicht weiter, ehe das Militär die Ahrtalbahn als Teil einer strategischen Bahnlinie plante, die vom Rhein ins lothringische Industrierevier führen sollte. Die geplante Strecke, die von der Ahrtalstation Dümpelfeld über Jünkerath bis nach Weywertz an die Vennbahn anschließen sollte, war spätestens 1907 mit den Vermessungsarbeiten beschlossene Sache. Hinzu kam eine weitere Trasse, die von Ahrdorf über Dollendorf bis an die Eifelstrecke nach Blankenheim (Wald) führen sollte und als strategische Ergänzungsstrecke von Dümpelfeld über Lissendorf nach Losheim konzipiert war. Das Militär sah in diesem Schienenverbund ein wichtiges Transportmittel bei einem möglichen Zweifrontenkrieg.

Zunächst baute die Staatsbahn ab April 1909 die Strecke von Dümpelfeld – wo die Ahrtalbahn bis dato als Stichbahn nach Adenau führte – über Ahrdorf nach Lissendorf zur Eifelstrecke, die als Mittlere Ahrtalbahn am 1. Juli 1912 eröffnet wurde. Damit bestand nun erstmals über Hillesheim eine Verbindung zwischen Ahrtal- und Eifelbahn. Zugleich zweigten am selben Tag die Züge von Jünkerath in Richtung Belgien ab und fädelten im belgischen Weywertz in die Vennbahn ein – die Vennquerbahn war damit realisiert. Rund zwölf Monate später wurde auch die Eisenbahnstrecke Ahrdorf–Blankenheim (Wald) am 1. Mai 1913 als Obere Ahrtalbahn offiziell eröffnet. Ein Jahr später brach der Erste Weltkrieg aus.

Gerolstein verfügt über ein repräsentatives Stationsgebäude im Stil der Neugotik, das nach dem Umbau über ein modernisiertes Reisezentrum verfügt. Die 39 198, die im März 1965 mit P 1579 am Bahnsteig verweilt, ist allerdings schon längst Eisenbahnvergangenheit.

Der vierachsige BC4iv-T-34b 137 198 wurde 1936 von der Köln-Deutzer Firma Westwaggon gebaut und ist zusammen mit einem Steuerwagen am 23. Mai 1936 im Kylltal unterhalb der Kasselburg unterwegs.

Die „Flitsch“ wird endlich fertig

Durch die verschiedenen Zweigbahnen und den parallel zur Eifelstrecke verlaufenden Streckenabschnitt über Lissendorf nach Dümpelfeld war auch Jünkerath ein Eisenbahnknotenpunkt geworden, der für die neuen Anforderungen entsprechend erweitert wurde. Der Personenbahnhof verfügte nach den Umbauten über fünf Gleise mit zwei Mittelbahnsteigen und das angeschlossene Bahnbetriebswerk kümmerte sich um den Reisezugverkehr zwischen den Wendebahnhöfen Köln und Trier und bediente die abzweigenden Nebenbahnen.

Im Schleidener Tal hofften Betriebe und Bürger nach Fertigstellung der Eifelstrecke weiterhin auf einen Bahnanschluss, wo trotz des Niedergangs der Eisenhütte immer noch Unternehmen ansässig waren. Obwohl die RhE den Bau der Linie einst in Aussicht gestellt hatte, kam es zu keiner konkreten Umsetzung. Erst nach der Verstaatlichungsphase beauftragte das Ministerium für öffentliche Arbeiten am 6. März 1881 die Königliche Eisenbahndirektion Köln mit dem Bau einer Eisenbahn von Kall über Schleiden nach Hellenthal. Große Höhenunterschiede gab es nicht zu überwinden, weshalb die Bahnarbeiten problemlos waren. Nur vier Brücken über die Flüsse Olef und Urft sowie der 125 Meter lange Tunnel zwischen Gemünd und Olef waren als größere Bauwerke nötig. Und so konnten die Menschen am 8. März 1884 endlich ihre lang ersehnte „Secundärbahn Kall–Hellenthal“ feiern, die als „Flitsch“ und „Oleftalbahn“ auch außerhalb der Region bekannt wurde.

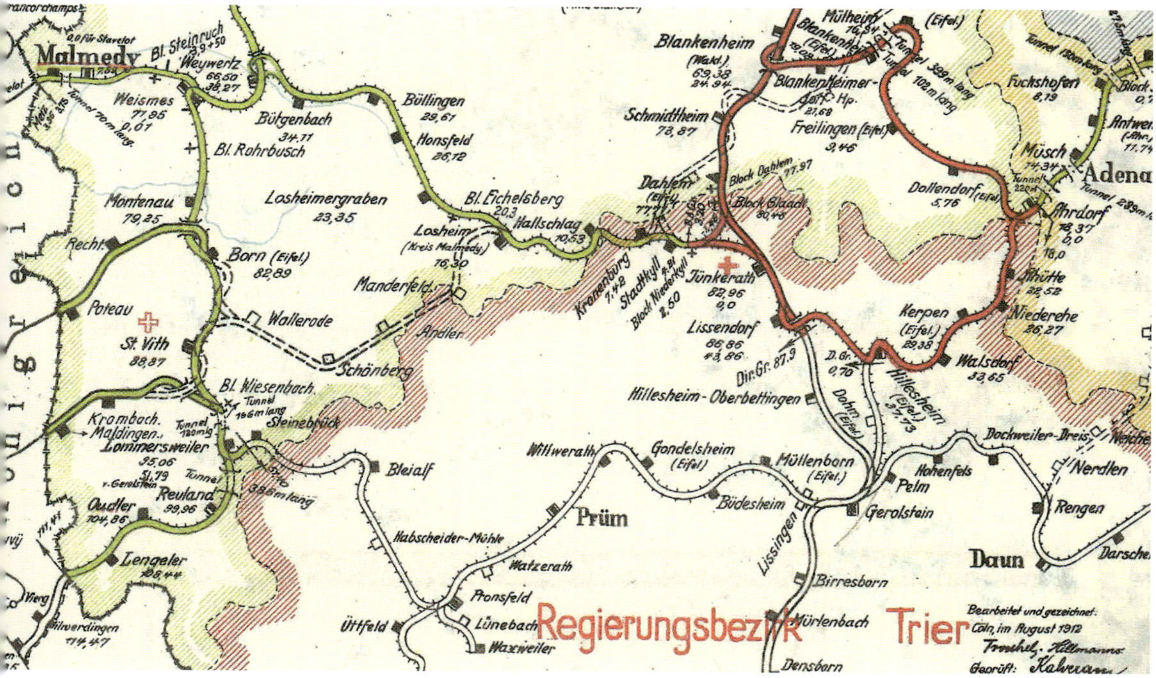

Die Karte der KED Köln von 1917 zeigt die vielen Zweigbahnen der Eifelstrecke um Jünkerath, Lissendorf und Gerolstein.

Der Zug aus Philippsheim am 13. Oktober 1961 an der Unterführung unter der Bundesstraße 50 kurz vor Binsfeld. Der Bau des Militärflugplatzes Spangdahlem nach 1945 sorgte nochmals für eine kurze Blüte des „Philippsheimer Bähnchens". 2010 wurde die Trasse der Bahn zum befestigten Radweg umgebaut.

Der Bahnhof Satzvey wurde ab 1895 von der damals frisch eröffneten meterspurigen Euskirchener Kreisbahn auf dem Abschnitt von Arloff über Satzvey nach Zülpich niveaugleich gekreuzt. Gesichert wurde die Schienenquerung durch eine Schrankenanlage sowie Entgleisungsweichen und Signale. Am Bahnhof Satzvey verfügte die Kleinbahn zudem über ein zweistöckiges Bahnhofsgebäude und eine umfangreiche Gleisanlage. Durch eine Rollbockanlage wurden die Güterwagen zum und vom Staatsbahnhof übernommen. Für die Nutzung musste die Kreisbahn allerdings an die Staatsbahn eine Pacht zahlen.

Die einst gegen den Eisenbahnbau so widerborstige Gemeinde Erdorf wurde nun ebenfalls Ausgangspunkt einer Zweigbahn. Die damals rund 2.500 Einwohner zählende Stadt Bitburg wollte nämlich nun auch eine Schienenverbindung. Preußens Ministerium für öffentliche Arbeiten, das seit 1878 vom Handelsministerium ausgegliedert war und eigenständig fungierte, lehnte unter der Leitung Karl von Thielens jedoch 1895 den Bau einer Linie von Erdorf nach Bitburg ab. In ihrer Verzweiflung wollten die Bitburger schon eine Schmalspurbahn bauen. Der als „nebenbahnfreundlich" bekannte Hermann von Budde erteilte als von Thielens Nachfolger am 15. Juni 1906 doch noch die Genehmigung. Die Eisenbahndirektion Saarbrücken startete im Sommer 1907 mit dem Bau der sogenannten Nims-Sauertalbahn, deren erster Abschnitt von Erdorf nach Bitburg am 20. Januar 1909 eröffnet wurde. Der Weiterbau von Bitburg über Irrel bis Igel war bereits am 25. September 1907 genehmigt worden und wurde am 1. September 1915 fertiggestellt.

Neben Satzvey bekam auch der Bahnhof Philippsheim einen Kleinbahnanschluss. Triers Regierungspräsident Albert Reinhold von Pommer erteilte am 22. August 1898 die Konzession für satte 99 Jahre. Gebaut wurde das „Schnauf-Bähnchen" von der Deutschen Kleinbahn AG. Die am 6. Mai 1905 eröffnete Schmalspurbahn diente als Multifunktionsverbindung. Das „Philippsheimer Bähnchen" transportierte Ton sowie Produkte einer Ziegelei von Binsfeld an den Staatsbahnanschluss in Philippsheim. Zudem beförderten eigens gebaute Minizüge die Fahrgäste unter anderem zu den Orten Herforst, Spangdahlem und Dudeldorf, was besonders den Pendlern entgegenkam.

Links oder rechts der Mosel?

Der auf der linken Moselseite gelegene Bahnhof Trier war zunächst ab 1860 eine Station der Saarstrecke. Ab 1871 endeten dort auch die Eifelzüge. Weitere Linien für den Bahnhof wie die Moselbahn zwischen Trier und Bullay sowie die Hochwaldbahn von Trier über Hermeskeil nach Türkismühle waren bereits in Planung. Deshalb regte Triers Regierungsrat Otto Beck an, rechts neben der Mosel für die Mosel-Eifel- und Saarstrecke einen neuen Centralbahnhof zu bauen. Der bisherige Bahnhof sollte dann nur noch für den Güterverkehr zuständig sein. Die Handelskammer Trier war überzeugt, dass durch den neuen Hauptbahnhof die Stadt weiter wirtschaftlich aufblühen würde. Die ersten Untersuchungen ergaben jedoch, dass ein neuer Bahnhof rechts der Mosel zu teuer würde, weshalb alle schon fertiggestellten und geplanten Strecken wie bisher in den bestehenden Bahnhof einlaufen sollten. Gegner und Befürworter debattierten heftig, ohne sich zu einigen.

Handelsminister Heinrich Karl Julius von Achenbach plädierte 1873 für einen Neubau und wollte deshalb eine Verbindungsbahn zwischen der Mosel- und Saarstrecke sowie einen neuen Bahnhof. Triers Stadtrat stimmte zu. Der neue Centralbahnhof entstand 1878 parallel während des Baus der Moselstrecke. Fortan existierte in Trier ein Bahnhof links und rechts der Mosel, beide wurden folgerichtig in „Trier r.M." und „Trier l.M." umbenannt. Nachdem am 15. Mai 1875 die Strecke Thionville–Trier als Obere Moseltalbahn hinzugekommen war, hielten auch die Züge der Saarstrecke im neuen Bahnhof. Hinzu kam ab dem 14. August 1889 die Hochwaldbahn. Triers neuer Eisenbahnknoten bekam 1893 ein repräsentatives Empfangsgebäude und eine großzügige Güterabfertigung. Der alte Bahnhof wurde 1903 in Trier-West umbenannt und verlor wegen der ungünstigen Lage zunehmend an Bedeutung. Immer bedeutsamer entwickelten sich hingegen die Betriebsmittel der RhE. Ende 1867 besaß das Unternehmen 183 Lokomotiven mit 156 Tendern, 355 Personenwagen mit 14.832 Plätzen sowie 3.821 Güterwagen mit einer Ladefähigkeit von 704.590 Zentnern. Doch der Wachstumshunger der Gesellschaft war damit noch lange nicht gesättigt.

Der „Waldbahnhof" in Speicher hat sich kaum verändert und sieht noch genauso aus wie am 24. April 1988, als 41 360 auf der Rückfahrt von Trier nach Köln ist. 215 muss deshalb die Kreuzung des Sonderzuges abwarten.

6

Konkurrenzkampf um die Kohle: Die Strecke Osterath–Dortmund Süd

Wichtige Eröffnungsdaten:

23. August 1866 (GV) und 1. September 1866 (PV): Duisburg-Hochfeld Süd–Mülheim (Ruhr)-Speldorf–Mülheim (Ruhr)-Heissen–Essen Nord RhE

23. August 1866 (GV) und 1. September 1866 (PV): Osterath–Lohbruch–Krefeld-Oppum–Uerdingen–Hohenbudberg–Rheinhausen–Friemersheim–Duisburg-Hochfeld Süd

1. September 1866: Osterath–Essen Nord RhE

15. Dezember 1867 (GV) und 1. Januar 1868 (PV): Essen Nord RhE–Kray Nord–Gelsenkirchen–Wattenscheid

15. Februar 1870: Duisburg-Hochfeld Süd–Duisburg RhE

13. Februar 1872 (GV) und 1. Juni 1872 (PV): Kray Nord–Gelsenkirchen-Rotthausen–Gelsenkirchen RhE

1. August 1872 (GV) und 1. Juli 1879 (PV): Mülheim (Ruhr)–Heißen–Essen–Rüttenscheid

1. Dezember 1872 (GV) und 1. Juli 1879 (PV): Mülheim (Ruhr)–Heißen Abzw. Schönebeck–Essen-Borbeck–Essen-Frintrop

15. Oktober 1874: Gelsenkirchen-Wattenscheid–Bochum Nord

19. November 1874: Mülheim (Ruhr)–Speldorf–Wedau–Blockstelle Rahm–Ratingen West–Düsseldorf-Rath–Blockstelle Hardt–Düsseldorf-Eller–Hilden–Opladen–Köln-Mülheim

19. November 1874: Bochum Nord–Bochum-Langendreer–Lütgendortmund–Dortmund-Dorstfeld–Dortmund Süd

25. März 1875: Kray–Wanne

12. September 1875: Dortmund Süd–Hörde

12. November 1875: Dortmund-Hacheney–Dortmund Süd

1. Februar 1877: Oppum–Krefeld

15. Juni 1878 (GV) und 1. Juli 1879 (PV): Essen-Rüttenscheid–Steele Süd

21. Januar 1879 (GV) und 1. Juli 1879 (PV): Steele Süd–Altendorf (Ruhr)

1. Juli 1879: Essen-Fintrop–Abzw. Osterfeld–Osterfeld Nord–Dorsten–Hervest-Dorsten–Coesfeld–Lutum–Burgsteinfurt–Rheine–Quakenbrück

1. Juli 1879 (GV): Duisburg RhE–Oberhausen West–Abzw. Walzwerk–Osterfeld Süd

1. Juli 1879 (GV): Verbindungsbahn Dorsten–Bezirksgrenze Hervest-Dorsten

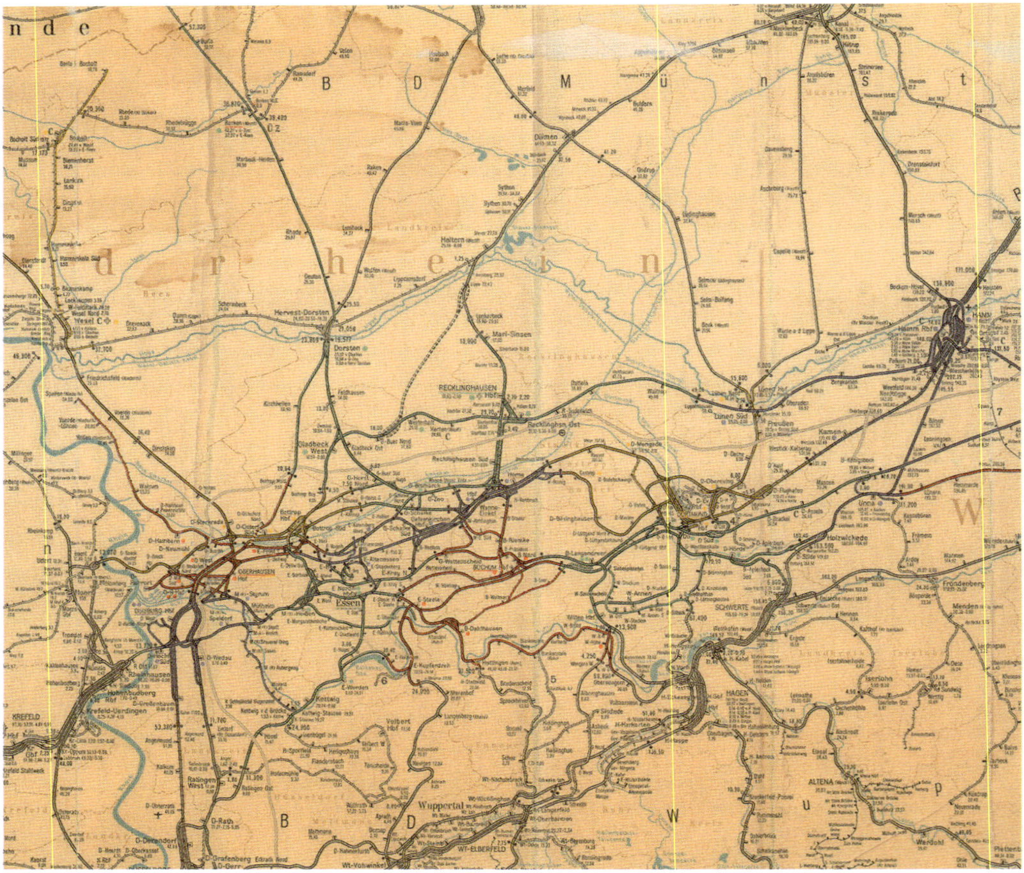

Die Karte der Eisenbahndirektion Essen von 1959 gibt einen Überblick über das Einzugsgebiet der RhE-Ruhrstrecken.

Mevissen gegen das Manko

Mit der Strecke Köln–Kleve–Nimwegen hatte die RhE die erste linksniederrheinische Nord-Süd-Verbindung geschaffen. Die Hauptstrecke wurde von Industrie und Reisenden gut angenommen. Die beiden Zweigbahnen Krefeld–Rheydt sowie Neuss–Viersen brachten hingegen eher enttäuschende Erträge. Und noch mit einer anderen Situation haderte die Direktion: Bislang waren die finanziell ergiebigen Fleischtöpfe im Ruhrgebiet mit ihren Eisen- und Kohlentransporten nur den Konkurrenten BME und KME mit ihren Strecken Wuppertal–Dortmund und Köln–Minden vorbehalten. Zwar wollte die RhE bereits 1840 unter David Hansemann ins Ruhrgebiet vorstoßen, doch dieses Rhein-Weser-Projekt war ja bekanntlich gescheitert.

Das Manko einer fehlenden eigenständigen Ruhrgebietslinie erkannte auch Gustav Mevissen. Der RhE-Präsident setzte sich deshalb bei einer Generalversammlung im Mai 1862 für den Bau einer Zweigbahn ein, die von Osterath, seit 1866 ein Bahnhof der linksniederrheinischen Strecke, ins Essener Kohlenrevier führen sollte. Als die Pläne bekannt wurden, protestierten

Für das Trajekt bei Rheinhausen musste die RhE an den Ufern größere Hafenbecken ausbaggern, um die Anlegestellen von der Strömung freizuhalten. Der Fährverkehr war dennoch mitunter eine recht feuchte Angelegenheit.

BME und KME umgehend, aber erfolglos beim Handelsministerium. Die RhE erhielt am 16. Juli 1863 die Konzession für die „Anlage einer Zweigbahn von Osterrath über Uerdingen nach Essen, welche bei Rheinhausen mittels einer Trajektanstalt den Rhein und unterhalb Mülheim mittels Überbrückung die Ruhr überschreitet".

Die Regierung legte dabei auch die Übernahme der Mülheim-Essener Eisenbahngesellschaft (MEE) fest. Die MEE besaß seit 1854 eine Konzession zum Weiterbau einer Pferdebahn, die Kohle der Zeche Sellerbeck in Winkhausen durch den Eppinghofer Bruch zu den Magazinen der Ruhrhäfen transportierte. Die MEE baute die Pferdebahn zwar bis 1858 nach Essen aus, doch die 1862 eröffnete Ruhrtalbahn der BME führte bald zum Niedergang der Mülheimer Kohlenschifffahrt. Die bereits als Lokomotivbahn konzessionierte Pferdetrasse wurde dann 1863 für den geplanten Streckenbau an die RhE verkauft. Allerdings musste die Pferdetrasse laut Konzession so lange bestehen, bis die Rheinische Strecke fertig war. Sämtliche Zechenanschlüsse sollte dann der Lokbetrieb übernehmen.

Einspruch abgelehnt

Nun begann die RhE umgehend mit den Vermessungsarbeiten, wobei zwischen Mülheim Hafen und der Essener Zeche „Graf Beust“ die Pferdebahntrasse verwendet wurde. Auch diesmal formierte sich Widerstand gegen die Linienführung. Bauern der linksrheinischen Gemeinden Friemersheim und Bliesheim protestierten gegen die geplante Linienführung, weil die Trasse durch ein Überschwemmungsgebiet führen sollte. Friemersheims Bürgermeister Hermann Pickhardt warnte davor, dass sich ein Rheinhochwasser vor dem Bahndamm aufstauen und die Äcker dadurch versumpfen würden.

Der Einspruch wurde abgelehnt und führte nach einer gescheiterten Einigung zu einem Enteignungsverfahren, das 1866 abgeschlossen war. Gescheitert war im Gegenzug die Absicht der RhE, vom Sammelbahnhof Heißen aus eine Verbindung zur BME-Strecke Witten–Duisburg mit einer gemeinsamen Tarifstation zu bauen; der Konkurrent lehnte ab. Die verärgerte RhE-Direktion baute daraufhin auf Wunsch der Mülheimer Handelskammer und interessierter Grubenverbände eine eigene Personenhaltestelle, aus der sich der spätere Rangierbahnhof Mülheim (Ruhr)-Heißen entwickelte. Aufwendig gestalteten sich der Bau der Eisenbahnbrücke, die in Mülheim über die Ruhr führen sollte, sowie die Trajektanstalt für die Rheinüberquerung von Rheinhausen nach Hochfeld.

Die Ruhrbrücke erforderte einen enormen Materialaufwand. Für die 39 Brückenbögen wurden über eine Million Ziegelsteine verarbeitet und an beiden Uferseiten des Flusses standen von Pferden angetriebene Mörtelmühlen. Als im Oktober 1865 die letzten Verputz- und Anstricharbeiten erfolgten, hatte die Ruhrbrücke rund 250.000 Taler an Baukosten verschlungen.

Ursprünglich plante die RhE auch für die Rheinüberquerung bei Rheinhausen eine feste Brücke, damit der Zugbetrieb trotz Hochwasser und Wintereis weitergehen konnte. Und wieder spuckte das Militär der Gesellschaft in die Suppe. Ein fester Rheinübergang war den Befehlshabern bei einem möglichen Krieg zu riskant, denn Preußen lag damals im Clinch mit Österreich um die Führungsrolle im Deutschen Bund. Somit musste die RhE nach dem Trajekt Spyck–Welle der Strecke Köln–Kleve wieder einen Fährbetrieb einrichten. RhE-Präsident Mevissen beruhigte die erhitzen Gemüter der Gesellschaft und betonte, dass sich der Fährbetrieb mittlerweile bewährt habe. Dennoch war für das Trajekt wieder ein hoher baulicher und logistischer Aufwand erforderlich.

Duisburgs dritter Bahnhof

Die Streckeneröffnung wurde wegen des am 14. Juni 1866 ausbrechenden Krieges zwischen Österreich und Preußen zunächst verschoben. Offiziell konnte die RhE die Strecke für den Güterverkehr am 23. August und für den Personenverkehr am 1. September 1866 eröffnen. Die letzten Schmalspurgleise der Pferdeeisenbahn wurden anschließend größtenteils abgebaut und verkauft.

Nun war mit der RhE nach der BME und KME die dritte große Eisenbahngesellschaft ins Ruhrgebiet vorgestoßen. Der erste offizielle Fahrplan dokumentiert vier Personenzüge, die täglich in beide Richtungen fuhren. Reisende, die um sieben Uhr in Köln einstiegen, kamen in

Für die 39 Brückenbögen der Eisenbahnbrücke Mülheim (Ruhr) war damals ein enormer baulicher Aufwand erforderlich. Über das älteste noch erhaltene Brückenbauwerk Mülheims fahren seit 2019 aber nur noch Radfahrer.

rund dreieinhalb Stunden am eigens gebauten RhE-Bahnhof Essen Nord an. Allerdings waren die meisten Bahnhöfe an der Strecke noch improvisierte Anlagen mit Bretterbuden, die den Reisenden wenig Komfort boten. Beim Umsteigebahnhof Osterath fehlte beispielsweise ein Wetterschutz und in Essen eine Beleuchtung. Dennoch war die zu großen Teilen parallel zur bestehenden BME-Strecke Duisburg–Dortmund verlaufende Verbindung erfolgreich. Die Zahl der Kohlentransporte wuchs schnell an und einen weiteren Grund für den Erfolg bildeten die zahlreichen Werksanschlüsse zu den Industriebetrieben und Zechen. Die RhE baute die Strecke jetzt immer weiter aus. Am Güterbahnhof Heißen entstand eine Personenstation und ab dem 18. Dezember 1866 konnten Fahrgäste an allen Stationen Fahrkarten Richtung Lüttich lösen sowie Reisegepäck aufgeben. Durch die guten Erträge des Güterverkehrs verschmerzte die RhE die Zahlung von 15.000 Talern an den Mülheimer Hafen-Aktienverein für die Demontage der Pferdebahn und die zwischenzeitliche Einstellung des Trajektverkehrs während der Wintermonate.

Weniger verschmerzen konnte es die Stadt Duisburg, dass die RhE-Züge durch den Einspruch der Konkurrenzgesellschaften zunächst am zentralen Stadtgebiet vorbeifuhren. Duisburgs Handelskammerpräsident Eduard Gallenkamp unterstützte deshalb die RhE bei den Bestrebungen, weiter in das „Herz" des Ruhrgebiets vorzustoßen. Gallenkamps Bemühungen waren erfolgreich und so genehmigte die Regierung am 12. November 1866 eine Konzession für den „Bau und Betrieb einer Zweigstation von der Rheinstation Hochfeld der Osterath-Essener Strecke nach Duisburg".

Nachdem die nur drei Kilometer lange Strecke ab dem 15. Februar 1870 von der auf der rechten Rheinseite gelegenen Station Hochfeld Süd zum eigens erbauten Duisburg RhE führte, war die Grundlage für weitere RhE-Strecken nach Norddeutschland und Düsseldorf gelegt. Die Gesellschaft errichtete ihren Durchgangsbahnhof Duisburg in direkter Nachbarschaft zur KME und BME, die mit ihren Bahnhöfen bereits seit 1846 beziehungsweise 1862 ansässig waren.

In Hochfeld Süd erweiterte die RhE ihre Werksanschlüsse erheblich. Die eigens für den Kohleumschlag errichteten Molehäfen Nord und Süd sowie der später zum „Kultushafen" umgebaute Trajekthafen waren per Schiene mit dem Rangier- und Güterbahnhof verbunden. Zudem akquirierte die RhE durch niedrige Tarifsätze, die unter den Beträgen der Konkurrenz lagen, neue Kundschaft für den Güterverkehr. Die RhE-Güterzüge versorgten mit ihren Werksanschlüssen nahezu das gesamte Duisburg-Hochfelder Industriegebiet mit Kohle und Koks – sehr zum Ärger der Konkurrenz.

Ein Stück vom „Carolinenglück"

Nicht nur die Bahnhöfe, sondern auch die Stammstrecke bedachte die RhE mit einem Weiterbau samt abzweigender Trassen. Bereits vor der Eröffnung der Osterath-Essener Strecke erhielt die RhE eine Konzession zum Weiterbau über Essen Nord bis Gelsenkirchen-Wattenscheid, obwohl die BME erneut heftig protestierte. Der damalige BME-Vorsitzende Daniel von der Heydt sagte den Konkurrenten schon bei der Generalversammlung seiner Gesellschaft am 31. Oktober 1863 den Kampf an: „Das Übergewicht unter diesen drei Konkurrenten wird derjenige erlangen, der die gesamte Transportstrecke von den Kohlenzechen bis zu den Consumtionsstellen besitzt."

Die BME sah sich im Bochumer Raum als Monopolist und duldete keine Konkurrenz, doch Preußen schmetterte die Proteste ab. Die entsprechende Konzession für die „Fortsetzung der Osterath-Essener Zweigeisenbahn, welche von der Essener Chaussee abgehend, bei den Zechen Königin Elisabeth und Bonifatius vorbeiführen und an die Carolinenglücker Bahn unweit der Zeche Holland bei Bochum anschließen soll", erfolgte am 28. Mai 1866. Bei der Carolinenglücker Bahn handelte es sich um eine Verbindung, die von der Zeche „Carolinenglück" in Bochum-Hamme seit 1859 zum Gelsenkirchener Bahnhof der KME-Strecke führte. Die dafür nötige neun Kilometer lange RhE-Trasse vom Bahnhof Essen Nord über Kray Nord bis Gelsenkirchen-Wattenscheid wurde am 15. Dezember 1867 für den Güterverkehr und am 1. Dezember 1868 für den Personenverkehr eröffnet. 1874 folgte dann noch ein Anschluss an die Bochumer Zechen durch den RhE-Bahnhof Präsident.

Um die Konkurrenzfähigkeit gegenüber der BME und KME weiter zu stabilisieren, baute die RhE eine weitere Stichstrecke vom Bahnhof Kray Nord nach Gelsenkirchen. Die RhE erwarb deshalb im November 1871 die zum Gelsenkirchener KME-Bahnhof führende Anschlussbahn der Zechen „Consolidation" und „Wilhelmine Victoria" und baute in Gelsenkirchen wieder einen eigenen Bahnhof. Die Verbindung von Kray Nord über Rotthausen nach Gelsenkirchen wurde am 13. Februar 1872 für den Güterverkehr eröffnet und am 1. Juni 1872 folgte der Personenverkehr. Die RhE breitete sich jetzt schienenmäßig wie ein Spinnennetz im Ruhrgebiet aus. Nur gut ein halbes Jahr nach Fertigstellung der Strecke Kray Nord–Gelsenkirchen eröffnete die RhE am 18. September 1872 zusammen mit dem Bahnhof Schalke RhE ein Anschlussgleis zum Schacht 2/3 der Zeche „Wilhelmine Victoria" an der „Gemarkung Heßler".

Trotz der Expansion im Ruhrgebiet gelang es der RhE bisher jedoch nicht, eine durchgehende Strecke bis zu den Nordseehäfen zu bauen. Bei ihrer Generalversammlung am 29. Mai

Die zahlreichen Zechen waren für die RhE der Antrieb für ihre Ruhrgebietsstrecken. Das Steinkohlenbergwerk „Carolinenglück" in Bochum-Hamme erreichte 1929 mit 807.500 Tonnen Kohle seine höchste Fördermenge, was die Zeche aber 1968 nicht vor der Stilllegung bewahrte.

1869 beschloss die Gesellschaft deshalb zunächst den Bau einer weiteren Zweigbahn für Eisensteingruben und Kohlenzechen und erhielt die Konzession am 14. Oktober 1869. Ausgangspunkt für diesen rund fünf Kilometer langen Streckenabschnitt bildete der Bahnhof Mülheim (Ruhr), wo die Güterzüge über Heißen in Richtung Rüttenscheid abbogen. In Rüttenscheid baute die RhE dann einen Anschluss zur Zeche „Ludwig“. Diese Strecke wurde am 1. August 1872 zunächst für den Güter- und erst am 1. Juli 1879 für den Personennahverkehr eröffnet.

Ein paar Monate später eröffnete die RhE auf Grundlage derselben Konzession am 1. Dezember 1872 die Strecke von Mülheim (Ruhr) über Heißen bis nach Essen-Frintrop. Wiederum folgte der Personenverkehr erst am 1. Juli 1879. Eine weitere Anschlussbahn führte vom Bahnhof Mülheim (Ruhr) über Dämme und vier Viaduktbögen zur ansässigen Friedrich-Wilhelms-Hütte.

Mindereinnahmen durch Materialkosten

Auch die damals noch selbstständige Stadt Wattenscheid sollte für die RhE keine Sackgasse auf der Stammstrecke bleiben. Die Gesellschaft beschloss deshalb bei den Generalversammlungen am 31. Mai 1870 sowie am 26. Mai 1871 den „Weiterbau der Osterath-Essen-Wattenscheider Bahn zunächst nach Dortmund und Hörde“ und erhielt die entsprechende Konzession am

20. November 1871. Obwohl Mevissen bei der Generalversammlung am 29. Mai 1873 beteuerte, dass „die Bahn von Wattenscheid nach Bochum, Dortmund und Hörde streckenweise nach Feststellung der Linie energisch in Angriff genommen wurde“, rechnete der Präsident mit der Fertigstellung frühestens Ende des kommenden Jahres.

Und Mevissen behielt recht: Obwohl die Gesellschaft bei ihren Bahnprojekten wegen ihrer entgegenkommenden Tarifpolitik von der einheimischen Industrie und dem Bergbau unterstützt wurde, verzögerte sich der Weiterbau dieser Strecke durch mühsame Verhandlungen über wichtige Industrieanschlüsse, gestiegene Grundstückspreise und langwierige Genehmigungsverfahren von „Specialplänen“. Dadurch erhöhte sich in den kommenden Jahren auch die Summe der Grundstückskäufe auf zwei Millionen Taler. Und das in einer Phase, in der die RhE sowieso schon Mindereinahmen durch gestiegene Löhne und Materialkosten bilanzierte.

Misstrauische Stimmen vermuteten, dass bei den Verzögerungen auch die BME ihre Finger im Spiel habe, um sich Rivalen für die bereits seit 1860 bestehende Duisburg-Dortmunder Strecke vom Leib zu halten. Die BME wurde ja seit 1850 staatlich verwaltet und deswegen keimte bei RhE und KME immer wieder der Verdacht auf, bei der Konzessionsvergabe für neue Strecken benachteiligt zu werden. Den Vorwurf, ein „Staat im Staate“ zu sein, wies der BME-Vorsitzende Daniel von der Heydt vehement zurück und sah eine „Macht“ höchstens bei den Transportleistungen der BME-Linien. Die Konkurrenz war aber nicht der einzige Wermutstropfen beim Wachstumsstreben der RhE.

Präsident Mevissen beklagte sich auf der Generalversammlung am 10. Juni 1874 auch über die erhöhten Ansprüche von Aufsichtsbehörden und Publikum an Annehmlichkeit, Pünktlichkeit und Sicherheit sowie die kostspieligen Einrichtungen von

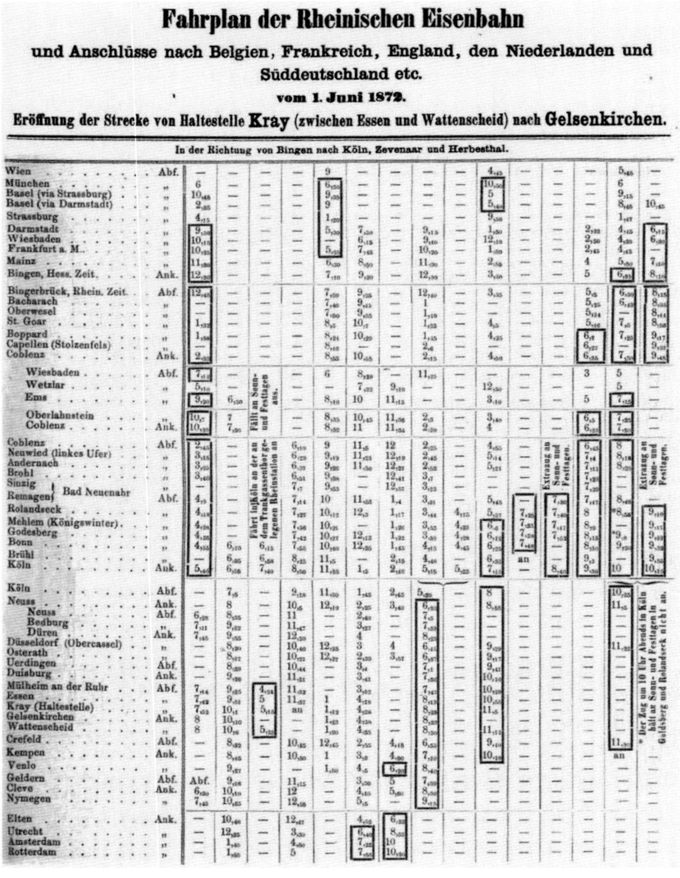
Fahrplan der Rheinischen Eisenbahn

und Anschlüsse nach Belgien, Frankreich, England, den Niederlanden und Süddeutschland etc.

vom 1. Juni 1872.

Eröffnung der Strecke von Haltestelle Kray (zwischen Essen und Wattenscheid) nach Gelsenkirchen.

In der Richtung von Bingen nach Köln, Zevenaar und Herbesthal.

Anschlüsse nach Belgien, Frankreich und England präsentierte die RhE-Direktion im Fahrplan vom 1. Juni 1872 zur Eröffnung der Strecke Kray–Gelsenkirchen.

Blocksystemen, Signalvorrichtungen und Direktverkehr. „Der Ertrag des Direktverkehrs deckt oft kaum die Druckkosten für Tarife, Publikation und Billet", erklärte Mevissen. Schon ein Jahr zuvor hatte die Direktion ihre Aktionäre durch Ausgabe von Aktien und Obligationen um zusätzliche drei Millionen Taler gebeten, um das Geld unter anderem für Betriebsmittel und den Bau von Beamten- und Arbeiterwohnungen zu verwenden.

Trotz aller finanziellen Probleme stellte die RhE am 15. Oktober 1874 den Abschnitt von Gelsenkirchen-Wattenscheid nach Bochum Nord und am 19. November 1874 den Abschnitt von Bochum Nord über den RhE-Bahnhof Bochum-Langendreer, Lütgendortmund bis Dortmund Süd fertig. Für Bochum und Dortmund errichtete die Gesellschaft wieder eigene Bahnhöfe. In Bochum Nord war das Empfangsgebäude sogar schon vor dem Gleisanschluss betriebsbereit. Dadurch besaß die Stadt neben dem seit 1860 existierenden BME-Bahnhof nicht weit davon entfernt jetzt eine weitere Station.

Schnell zeigte sich, dass die BME-Befürchtungen vor der wachsenden Konkurrenz begründet waren. Der rheinische Rivale offerierte auch bei dieser Strecke für den Personenverkehr niedrige Fahrpreise und bilanzierte deshalb höhere Fahrgastzahlen als die Konkurrenz. Um auch den Ertrag beim Güterverkehr zu erhöhen, ergänzte die RhE das Stationsgebäude Bochum

Der 1874 eröffnete Bahnhof Mülheim-Speldorf war durch sein Eisenbahnausbesserungswerk bekannt. Mittlerweile ist der Bahnhof, auf dem am 30. Juni 1976 050 904 und 044 943 mit der Lü-Sendung 76570 zu sehen sind, fast völlig aus dem Stadtbild verschwunden.

Nord für einen verbesserten Umschlag um einen Güterbahnhof mit Bahnbetriebswerk und elfständigem Lokschuppen.

In Dortmund baute die RhE gemeinsam mit der am 15. Mai 1876 fertiggestellten Strecke Welver–Dortmund der Westfälischen Eisenbahn (WE) ebenfalls einen eigenen Personenhalt, der als Inselbahnhof Dortmund Süd beide Strecken voneinander trennte. Damit besaß Dortmund neben der KME- und BME-Station sowie dem am 25. November 1874 von der Dortmund-Gronau-Enscheder Eisenbahn-Gesellschaft (DGEE) eröffneten Bahnhof Ost eine weitere Schienenstation. In Dortmund Süd nutzten RhE und WE jeweils die Gleise des anderen. Ein Jahr nach der Ankunft in Dortmund Süd zweigten ab dem 12. September 1875 die Züge durch weitere Bauaktivitäten der RhE über den Bahnhof Hörde und ab dem 28. Dezember 1878 über Löttringhausen in Richtung Hagen ab, wo ab 1879 eine Verbindung zur Wuppertaler Nordbahn bestand.

Weitere Ergänzungstrecken folgten von 1875 bis 1879 speziell im Essener Raum unter anderem von Essen-Rüttenscheid nach Essen-Steele Süd und von Essen-Frintrop nach Osterfeld Nord.

Konstruktion mit Kanonenbooten

Die RhE resümierte in ihrem Geschäftsbericht für das Betriebsjahr 1879 beim Thema Ruhrgebietslinie entsprechend zufrieden, dass die Trassen die wichtigsten Regionen an Emscher, Ruhr und Rhein durchfahren und beim Transport von Personen und Produkten ein reger Verkehr zu registrieren sei.

Der rege Verkehr sorgte allerdings dafür, dass die Trajektanstalt bei Duisburg-Rheinhausen allmählich überlastet wurde. Das Geschäftsjahr 1869 bilanzierte rund 90.000 beladene Wagen und 42 Lokomotiven, die von den Fährbooten befördert wurden. Erschwerend hinzu kamen die immer wiederkehrende Vereisung des Rheines sowie das Hoch- und Niedrigwasser. Bei der RhE-Generalversammlung am 31. Mai 1870 beschlossen die Anwesenden deshalb den „Bau einer festen Brücke über den Rhein bei Rheinhausen“. Und die militärische Entwicklung kam der RhE entgegen, denn mittlerweile war die Kriegstechnik so weit fortgeschritten, dass eine feindliche Armee den Rhein auch ohne feste Brücke überqueren könnte. Somit war der Einwand des Kriegsministeriums, dass solch eine Brücke im Kriegsfall nicht zu verteidigen sei, hinfällig.

Das Handelsministerium gab darum seinen Widerstand auf und genehmigte am 29. Juli 1871 den Brückenbau. Zu diesem Zeitpunkt hatte die BME bei Düsseldorf-Hamm bereits am 24. Juli 1870 die zweigleisige „König Wilhelms Rhein-Eisenbahnbrücke“ eröffnet, die aber 1874 noch nicht von der RhE mitbenutzt werden durfte. Eine Bedingung war allerdings, für den Kriegsfall sämtliche Brückenpfeiler durch Minenkammern für eine Sprengung vorzubereiten und zwei Kanonenboote zu finanzieren. Baubeginn für das 934 Meter lange Bauwerk war am 9. Januar 1872, für die Konstruktion stand die 1864 fertiggestellte Pfaffendorfer Brücke in Koblenz Modell. Die Eröffnung der zweigleisigen Brücke für den Güterverkehr fand am 23. Dezember 1873 statt, der Personenverkehr folgte am 1. Februar 1874. Der Trajektverkehr wurde danach eingestellt.

Als Bahnhöfe noch begrünt und nicht betoniert wurden, bot der Inselbahnhof Dortmund Süd den Zugang nur durch eine Treppe vom Heiligen Weg aus.

Auf der ehemaligen Bahnstrecke Mülheim-Heißen–Altendorf (Ruhr) waren ab den 1970er-Jahren noch Museumszüge unterwegs, wie hier am 23. März 1975 BLE 146 bei Essen-Rüttenscheid.

In einem Stück nach Quakenbrück

Animiert durch den erfolgreichen „Kampf um die Kohlen“ holte die RhE von ihrem Ruhrgebietsbahnhof Duisburg zum nächsten Schlag aus. Der Konkurrent KME hatte mit seiner am 31. Dezember 1874 in voller Länge fertiggestellten Strecke von Venlo nach Hamburg eine direkte Verbindung vom rheinisch-westfälischen Industriegebiet zu den norddeutschen Seehäfen geschaffen. Jetzt wollte auch die RhE dem Beispiel der Hamburg-Venloer Bahn folgen und eine „Nordseetrasse“ bauen. Ein zusätzlicher Anreiz war die in Wilhelmshaven stationierte kaiserliche Kriegsmarine mit ihrem immensen Kohlenbedarf. Die RhE beschloss deshalb 1872 den Bau einer „Eisenbahn von Duisburg über Dorsten, Coesfeld und Rheine nach Quakenbrück mit Abzweigungen nach Ruhrort und nach Salzbergen“. Den Personen- und Lokalverkehr stufte die RhE von Anfang an als nebensächlich ein.

Die erhoffte Konzession folgte am 9. Juni 1873. Der Bau verzögerte sich jedoch durch ein langwieriges Enteignungsverfahren der Gemeinde Duisburg, um den dortigen Bahnhof weiter ausbauen zu können. Erst in der ersten Hälfte des Jahres 1879 meldete die RhE Vollzug, ehe die Strecke in ihrer gesamten Länge am 1. Juli 1879 eröffnet wurde. Die RhE baute diese Strecke bewusst ebenfalls sehr gradlinig, um den Transportweg kurz und die Kosten entsprechend niedrig zu halten.

Zusammen mit der Strecke baute die RhE unter anderem die Bahnhöfe Oberhausen West, Osterfeld Nord und Spelle, während an der Endstation Quakenbrück seit Oktober 1875 die Oldenburgische Staatsbahn ansässig war. Den seit 1856 durch die WE eröffneten Bahnhof Rheine erweiterte die RhE durch ein Übernachtungslokal für das Maschinenpersonal und ein Büro für den Magazin-Verwalter. Zugleich baute die Gesellschaft für den Güterverkehr eine rund zwei Kilometer lange Verbindungsbahn vom Inselbahnhof Dorsten zur Turmstation Hervest.

Zwar besaß Dorsten bereits seit 1874 durch die Hamburg-Venloer-Bahn der KME einen Bahnhof, die RhE baute ihre Station hingegen im Ortskern, der für Menschen und Güter leichter erreichbar war. Neben der RhE war im neuen Bahnhof Dorsten seit dem 21. Juni 1880 auch die Niederländisch-Westfälische Eisenbahn-Gesellschaft (NWE) mit ihrer von der BME verwalteten Bahnstrecke zwischen Gelsenkirchen-Bismarck und dem niederländischen Winterswijk ansässig. Der RhE-Teil des Bahnhofs verfügte über acht Gleise und eine Drehscheibe nebst Lokbehandlungsanlage und Güterabfertigung, die NWE begnügte sich hingegen mit vier Gleisen. Mit 173 Kilometern war Duisburg–Quakenbrück die längste durchgehende RhE-Strecke. Die geplante und bereits begonnene Zweigbahn von Rheine nach Salzbergen wurde 1879 wegen der bevorstehenden Verstaatlichung allerdings ebenso gestoppt wie der Abschnitt nach Ruhrort. Dennoch resümierte die RhE in ihrem Geschäftsbericht für das Betriebsjahr 1879 über die Strecke, dass diese imstande sei, „mit den Häfen der Niederlande für das ganze Rheingebiet von Duisburg über Basel zu konkurrieren“. Was auf dem Papier vielversprechend aussah, sollte sich jedoch trotz allen Aufwandes in der Praxis eher als Pleite entpuppen.

In Mülheim (Ruhr) baute die RhE dann den Bahnhof Speldorf, den die Gesellschaft ab 1874 mit einem großzügigen Empfangsgebäude, Rangierbahnhof sowie Bahnbetriebswerk

Mit der Fertigstellung der RhE-Strecke Duisburg–Quakenbrück wurde Coesfeld 1879 zum Kreuzungsbahnhof, an dem am 23. Juli 1983 der Dieseltriebwagen 624 632 Station macht.

ausstattete. Im selben Jahr stellte die Gesellschaft am 19. November von Speldorf aus über Mülheim am Rhein eine Strecke zum Rhein-Sieg-Kreis nach Troisdorf fertig. Diese Verbindung sollte primär die linksrheinische Strecke entlasten und den Kohlentransport in Richtung Süden ermöglichen. Mülheim am Rhein, ab 1914 von Köln eingemeindet, verfügte somit nach der KME- und BME-Station, wie so häufig im Lande, über einen dritten Bahnhof, der aber letztendlich als einziger übrig bleiben sollte.

Von Mülheim am Rhein fuhren die Züge weiter über die damals noch selbstständige Stadt Porz bis nach Troisdorf. In Troisdorf existierte seit 1859 ein KME-Bahnhof für deren Deutz-Gießener Bahn. Die Strecke sollte aus zwei Gründen für die RhE bedeutsam werden: Zum einen zweigte ab dem 1. Februar 1876 in Rath eine Strecke in Richtung Ruhrgebiet ab, die drei Jahre später über Barmen, Schwelm und Hagen der BME-Stammstrecke Fahrgäste und Güterkunden abspenstig machen sollte – so jedenfalls der Plan der Gesellschaft. Zudem war die Strecke Speldorf–Troisdorf das Bindeglied einer Eisenbahn, die im internationalen Nord-Süd-Verkehr bis heute eine wichtige Rolle spielt: die rechte Rheinstrecke.

7

Von der Ruhr zum Rhein: Die rechte Rheinstrecke

Wichtige Eröffnungsdaten:
27. Oktober 1869: Neuwied–Engers–Ehrenbreitstein–Horchheim (Rhein)–Niederlahnstein
27. Oktober 1869: Koblenz–Ehrenbreitstein
11. Juni 1870: Oberkassel–Erpel–Linz (Rhein)–Neuwied
11. Juni 1870: Bonn–Trajekt Oberkassel (Bonn)
1. März 1871: Friedrich-Wilhelms-Hütte–Troisdorf–Oberkassel
19. November 1874: Mülheim (Ruhr)–Speldorf–Wedau–Blockstelle Rahm–Ratingen West–Düsseldorf-Rath–Blockstelle Hardt–Düsseldorf-Eller–Opladen–Blockstelle Werkstätte–Mülheim am Rhein
19. November 1874: Mülheim am Rhein–Kalk Nord–Gremberg–Porz-Urbach–Troisdorf

Eine Trasse für den Taunus

Auch die Honoratioren in Hessen interessierten sich schon früh für die Eisenbahn, weil dieses Verkehrsmittel praktisch für jede Region einen wirtschaftlichen Aufschwung versprach. Die Frankfurter Bankhäuser Gebrüder Bethmann und Rothschild forcierten deshalb 1835 die Gründung eines Konsortiums für den Bau einer Eisenbahn von Frankfurt nach Wiesbaden. Kein leichtes Unterfangen, denn die Verantwortlichen mussten gleich mit drei souveränen Staaten verhandeln, um den Verlauf der Trasse zu realisieren, und zwar mit der Stadt Frankfurt, dem Herzogtum Nassau und dem Großherzogtum Hessen. Die entsprechenden Konzessionen wurden deshalb bis Sommer 1838 nacheinander erteilt. Erst danach gründete sich am 12. August 1838 in Frankfurt die Taunus-Eisenbahn-Gesellschaft.

Der Bau erfolgte wie so häufig in mehreren Etappen. Ausgangspunkt war die am 26. September 1839 eröffnete fünf Kilometer lange Strecke von Frankfurt nach Höchst. Dann folgte am 19. Mai 1840 der vorläufig letzte Abschnitt von Kastel nach Wiesbaden. Die Taunustrasse war damit die erste Bahnstrecke im heutigen Bundesland Hessen. Zu diesem Zeitpunkt steckte die RhE noch mitten in den Bauarbeiten zu ihrer Köln-Herbesthaler Strecke. Während sich die RhE in Richtung belgische Grenze vorarbeitete, blieb Wiesbaden vorläufig als Taunusbahnhof die Endstation.

Schon Jahrzehnte zuvor hatten Politiker in Köln und Neuwied für eine Strecke plädiert, die rechts des Rheins von Köln über Neuwied die preußisch-nassauische Grenze bei Niederlahnstein passieren und nach Wiesbaden führen sollte. Doch Preußen lehnte das Ansinnen ab. Gründe waren die Proteste der Rheinschiffer sowie strategische Bedenken der Militärs. Außerdem galt immer noch die Regierungszusage an die RhE, wegen der geplanten linken Rheinstrecke bis 1875 keine rechtsrheinische Konkurrenz zuzulassen. Somit wurde es zunächst still um das Projekt.

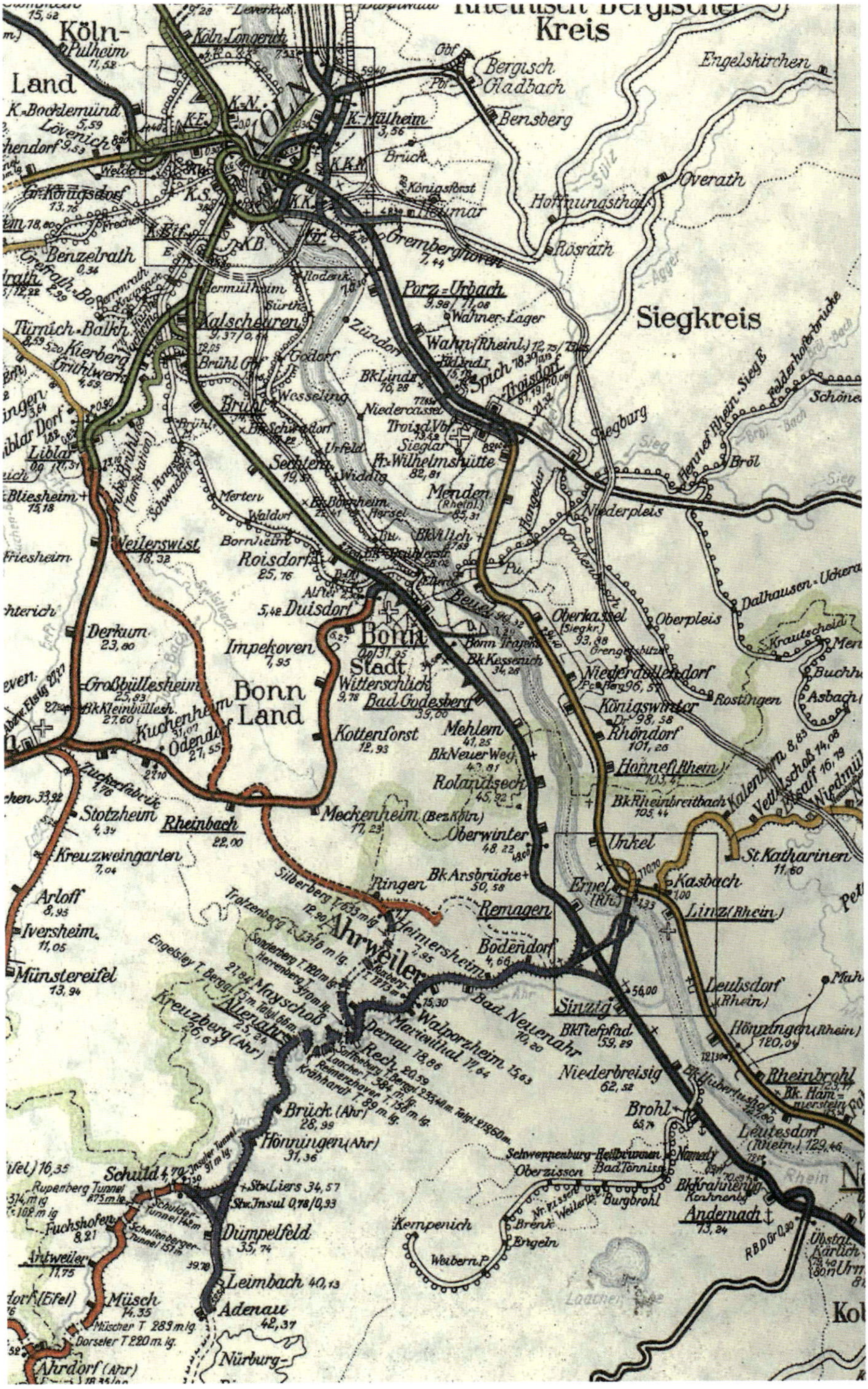

Die Karte der Reichsbahndirektion Köln von 1944 zeigt den Verlauf der rechten Rheinstrecke von Köln über Troisdorf und Linz bis Leutesdorf.

Die Lok 9 „Belfort" ist eine der C t-Lokomotiven, die von der RhE 1871 bei der Maschinenbau-Gesellschaft (MBG) Karlsruhe gekauft wurden. Nach der Verstaatlichung wurde die „Belfort" in „Cöln rechtsrheinisch 1703" umbenannt. Die MBG meldete 1929 Konkurs an.

Im Bahnhof Troisdorf trennen sich die von Köln kommenden Züge der Deutz-Gießener und rechten Rheinstrecke. Zudem fahren hier die ICE-Züge der Neubaustrecke Köln–Frankfurt durch. 1950 waren die wenigen Reisenden froh, wenn überhaupt ein Zug fuhr.

Dann erhielt die 1852 gegründete Wiesbadener Eisenbahngesellschaft (WEG) am 23. Mai 1853 eine Konzession zum Bau und Betrieb einer „Eisenbahn von Wiesbaden nach Niederlahnstein" mit der Auflage, die Nassauische Rheinbahn innerhalb von drei Jahren zu vollenden. Die Bauarbeiten starteten am 17. Februar 1854, doch die Hoffnungen auf eine durchgehende rechte Rheintalbahn zerplatzten erst einmal mit den Konzessionen für die Deutz-Gießener Strecke der KME und für die linke Rheinstrecke der RhE.

Kompliziert und kostspielig

Ungeachtet dieser Genehmigungen stellte die WEG, die ab 1853 als Nassauische Rhein-Eisenbahn-Gesellschaft (NREG) firmierte, den ersten Abschnitt von Wiesbaden nach Rüdesheim am 11. August 1856 fertig. Am 31. März 1857 erhielt die NREG dann die Konzession für die Lahntalbahn, die von Oberlahnstein über Bad Ems nach Wetzlar führen sollte. Zu diesem Zeitpunkt benannte sich die ausführende Gesellschaft erneut um, und zwar in Nassauische Rhein- und Lahn-Eisenbahn-Gesellschaft (NRLG).

Jetzt wurde es allerdings für die Gesellschaft kompliziert und kostspielig – zu kostspielig, wie sich rasch zeigen sollte. Zunächst erwiesen sich die Bauarbeiten in Richtung Oberlahnstein besonders beim Tunnel durch den massiven Loreleyfelsen bei St. Goarshausen als mühselig und zeitraubend. Das ohnehin schon knapp kalkulierte Budget der NRLG wurde gewaltig strapaziert. Zwei Jahre sollten sich die Bauarbeiten für den rund 370 Meter langen

Die Ludendorff-Brücke verband die linke Rheinstrecke über die Ahrtalbahn bei Remagen mit der rechten Rheinstrecke bei Erpel. Auf der rechten Rheinstrecke dampft 1931 ein Güterzug mit einer preußischen G 10 vorbei.

Tunnel hinziehen. Zuvor hatte die NLRG noch den ersten Teilabschnitt eines anderen Projektes, der Lahntalbahn zwischen Oberlahnstein und Bad Ems, am 1. Juli 1858 vollenden können. Zwei Linien auf einmal zu bauen, war für das Unternehmen zu viel der Eisenbahn: Die NLRG ging bankrott.

Mit dem Ende der NLRG erlosch auch deren Konzession. Eine Nachfolgegesellschaft fand sich nicht, weshalb sowohl die Rhein- als auch die Lahntalbahn von der eigens gegründeten Nassauischen Staatsbahn weitergebaut wurden. Immerhin gelang es dem Herzogtum Nassau die preußische Regierung davon zu überzeugen, der RhE bei Koblenz den Bau einer festen Brücke über den Strom zur rechtsrheinischen Seite aufzuerlegen. Bis dahin einigten sich RhE und Staatsbahn darauf, die Züge zwischen dem linksrheinischen Stolzenfels und dem rechtsrheinischen Oberlahnstein mittels eines Trajekts überzusetzen. Dieses Trajekt war von 1862 bis 1864 in Betrieb, ehe die Fähre durch die am 3. Juni 1864 eröffnete Pfaffendorfer Eisenbahnbrücke abgelöst wurde. Die Baukosten für die Strecke von Koblenz nach Oberlahnstein inklusive der Rheinbrücke betrugen laut RhE rund 2,3 Millionen Taler. Gleichzeitig stellte die Nassauische Staatsbahn die zwei Kilometer lange Verlängerung von Oberlahnstein nach Niederlahnstein fertig, wo Anschluss an die linksrheinische RhE-Strecke bestand.

Bibbern vor dem „Bruderkrieg"

Doch für die rechtsrheinische Industrie war die bisherige rechte Rheinstrecke ein inakzeptabler Torso, weil die Verbindung zu Köln und Düsseldorf sowie in Richtung Ruhrgebiet fehlte. Schließlich „erbarmte" sich die RhE und beschloss nach erfolgreichen Verhandlungen mit der preußischen Staatsregierung bei ihrer Generalversammlung im Mai 1866 den „Bau und Betrieb einer Eisenbahn von Ehrenbreitstein im Anschluss an die Koblenzer Eisenbahnbrücke und an die Bahn nach Oberlahnstein, nach Siegburg zum Anschluss an die Köln-Gießener Bahn mit einer Abzweigung nach Bonn mittels Trajekts zum Anschluss an die linksrheinische Eisenbahn". Die Baukosten kalkulierte die RhE-Direktion mit rund fünf Millionen Talern. Durch diese Linienführung entstand in Ehrenbreitstein der einzige rechtsrheinische Bahnhof von Koblenz, dessen Gleise über die Pfaffendorfer Brücke zum RhE-Bahnhof führten.

Die Gesellschaft versprach sich beim Güterverkehr Profite durch die ansässigen Hütten- und Bergwerke sowie die zahlreichen Fabriken entlang der rechten Rheinseite. Während dieser Phase bilanzierte die Direktion für das Jahr 1865 ein Einnahmeplus von über 900.000 Talern gegenüber 1864. Trotz der Gesamteinnahmen von rund 4.400.000 Talern war Präsident Mevissen nicht zum Jubeln zumute: „Leider gestattet uns heute die düstere politische Lage unseres Vaterlandes nicht, wie in den Vorjahren, einen freudigen Blick in die Zukunft."

Die „düstere Zukunft" war der drohende „Bruderkrieg" zwischen Preußen und Österreich um die Vorherrschaft im Deutschen Bund, der kurz darauf am 14. Juni 1866 mit aller Wucht ausbrach. Nicht zuletzt durch die Logistik der Eisenbahn gewann Preußen am 23. August auf ganzer Linie. Obwohl sich die RhE noch im Herbst 1867 über den „störenden Einfluss" der vorjährigen Kriegsereignisse auf die Verkehrsverhältnisse des Unternehmens beklagte, profitierte die Gesellschaft vom Ausgang der Auseinandersetzung. Nach dem Sieg annektierte Preußen

Der Bahnhof Linz besaß im Erdgeschoss zwei Warteräume mit Buffet für die unterschiedlichen Wagenklassen sowie Fahrkarten- und Gepäckschalter. In diese „Komfortzone" werden die Gleisarbeiter 1874 wohl nicht gekommen sein.

Im Bahnhof Neuwied steht am 10. Juni 1966 82 021 mit einem Nahverkehrszug, daneben ist ein ET 85 aus Koblenz eingetroffen.

am 1. Oktober 1866 das Herzogtum Nassau, was die Genehmigungsverfahren beim Eisenbahnbau vereinfachte.

Preußen erteilte die Konzession am 24. Dezember 1866 auch als „Dankeschön" an die RhE für die Mitfinanzierung der Kölner Dombrücke. Obwohl jetzt politisch „klare Verhältnisse" herrschten, war die Linienführung der rechten Rheinstrecke in Richtung Norden weiterhin nebulös. Ein Barmer Komitee setzte sich dafür ein, die Strecke von Siegburg aus über Overath und Engelskirchen nach Witten zu bauen, um an die bereits bestehende BME-Stammstrecke anzuschließen. Die RhE lehnte diese kostspielige Linienführung durch das Bergische Land allerdings entschieden ab. Präsident Mevissen favorisierte, unterstützt von Kölner Industriellen und der Essener Handelskammer, vielmehr den Weiterbau über Düsseldorf in Richtung Ruhrgebiet. Ausgangspunkt für diese Linie wäre dann aber nicht mehr Siegburg, sondern Troisdorf.

Sammeln für Troisdorf

Mitverantwortlich für diese Änderung war ein gewisser Emil Langen. Der gebürtige Solinger arbeitete seit 1846 als Ingenieur bei der Friedrich-Wilhelms-Hütte in Troisdorf, das damals noch zu Menden gehörte. Zwei Jahre später übernahm Langen sogar die Leitung der Eisenhütte. Um das Wohl seiner Firma bemüht, war es für Langen umso ärgerlicher, dass die Züge der 1859 eröffneten Deutz-Gießener-Strecke auf dem ersten Teilabschnitt zwischen Deutz und Hennef ohne Halt an Troisdorf vorbeifuhren.

Für die Fahrt von Koblenz nach Neuwied waren bis 1978 die Koblenzer 426 im Einsatz. Das Bild vom 8. März 1976 zeigt einen 426 am Haltepunkt Urmitz-Rheinbrücke auf der Fahrt nach Neuwied.

Langen setzte sich deshalb als Schriftführer des Komitees Köln-Siegburg-Frankfurt für einen Bahnhof in Troisdorf ein, um dadurch ein Anschlussgleis für seine Eisenhütte zu ermöglichen. Kurzerhand überredete Langen die Gemeinden Siegburg und Sieglar, mit ihm 1.500 Taler für ein entsprechendes Stationsgebäude zu sammeln. Um der KME einen zusätzlichen Stopp in Troisdorf schmackhaft zu machen, wollten die Beteiligten sogar das Gehalt des Betriebsinspektors zahlen und eine jährliche Frachteinnahme von 4.000 Talern garantieren. Der KME-Direktion gefiel das Angebot der Interessengruppe Bahnhof Troisdorf und ab dem 4. November 1861 war die Gemeinde wie gewünscht eine Haltestation der Deutz-Gießener Strecke. Langen baute umgehend vom Bahnhof aus eine von Pferden gezogene Schmalspurbahn in sein Werk.

Weniger erfolgreich verlief seine Mitgliedschaft beim Barmer Komitee für den Eisenbahnbau von Siegburg nach Witten. Die RhE war weiterhin nicht an dieser kostspieligen Variante interessiert. Einen Teil dieser gewünschten Verbindung realisierte erst die BME mit ihrer am 15. Oktober 1884 eröffneten Bahnstrecke von Siegburg über Overath nach Ründeroth. Als

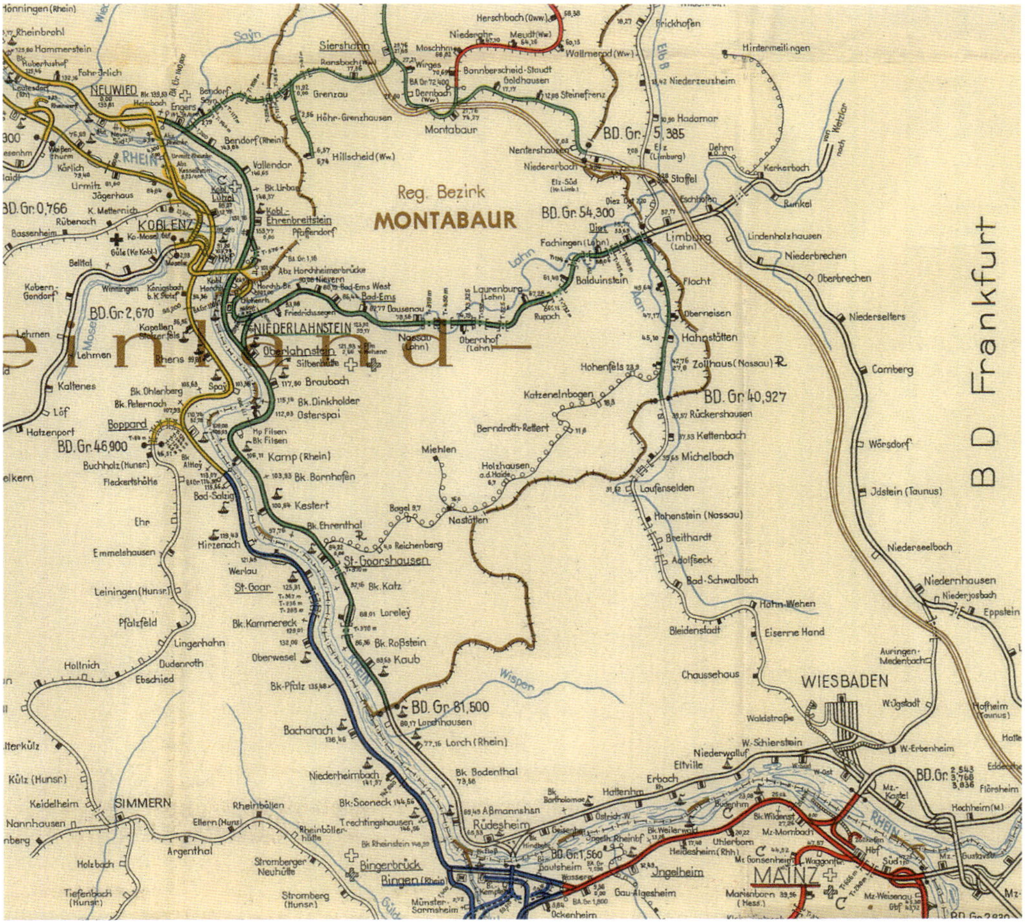

Die Karte der Bundesbahndirektion Mainz von 1959 zeigt den Verlauf der rechten Rheinstrecke von Neuwied bis Wiesbaden

Langen feststellte, dass die RhE vorerst nicht ins Bergische Land wollte, was sich bei der Wuppertaler Nordbahn noch ändern sollte, setzte er sich für den Weg über Troisdorf in Richtung Ruhrgebiet ein. Dieser Plan wurde schließlich auch von Preußen akzeptiert, wobei die Friedrich-Wilhelms-Hütte noch einen Abzweig nach Siegburg für den Anschluss zur Köln-Gießener Strecke spendiert bekam.

Die RhE begann umgehend mit den Bahnarbeiten. Es folgte am 27. Oktober 1869 sowohl das erste 18 Kilometer lange Teilstück von Niederlahnstein nach Neuwied als auch die Rheinverbindung zwischen Koblenz und Ehrenbreitstein. Am 11. Juli 1870 konnte die Gesellschaft noch einmal doppelt feiern. Zum einen war der Strang von Neuwied nach Oberkassel fertiggestellt und dadurch konnte die rechtsrheinische Eisenbahnstrecke von Köln nach Wiesbaden durchgängig befahren werden, zugleich eröffnete die Gesellschaft von Oberkassel erneut einen Trajektverkehr – diesmal zum Personenbahnhof Bonn.

Nachdem zunächst das Militär die Schienen genutzt hatte, war die Verbindung am 1. März 1871 mit dem Anschluss von der Friedrich-Wilhelms-Hütte nach Troisdorf und Oberkassel komplett. Anfangs fuhren täglich fünf Personenzüge in beide Richtungen, ehe ab dem 15. Juli der lukrative Güterverkehr einsetzte. Zu diesem Zeitpunkt hatte Langen die Firma bereits verlassen, um in Salzgitter ein Eisenwerk zu gründen. Am 1. Oktober 1870 verunglückte er bei einem Arbeitsunfall tödlich.

Basalt, Brücken und der „Berg der Deutschen“

Die parallel verlaufenden Gleisanlagen von KME und RhE führten dazu, dass Troisdorf zur Inselstation zwischen Sieg- und Rheinstrecke wurde. Der erste Bahnhof für die Friedrich-Wilhelms-Hütte war mit einem umfangreichen Gleis- und Weichensystem so imposant wie der neue Bahnhof Bonn-Beuel.

An dem im März 1871 eröffneten Bahnhof Beuel siedelte sich am 20. Dezember 1900 die Industriebahn AG mit einer rund fünf Kilometer langen Güterstrecke nach Großenbusch an, um Kohle an die Hangelarer Tonwerke zu liefern und deren Tonerzeugnisse auf die Staatsbahn zu verladen.

In Niederdollendorf entstand erst 1898 ein größeres Empfangsgebäude und die umliegenden Steinbrüche erhielten ab dem 22. Oktober 1891 einen Anschluss durch die schmalspurige Heisterbacher Talbahn. Im Dezember 1872 beschloss die RhE eine Verbindung vom Bahnhof Engers nach Montabaur bis an die Lahnbahn bei Limburg nebst Abzweigung nach Altenkirchen. Die Konzession erteilte das Ministerium am 9. Juni 1873. Sechs Jahre später informierte die RhE in ihrem Geschäftsbericht für das Betriebsjahr 1879 zwar von ersten Vorarbeiten, doch zu diesem Zeitpunkt kämpfte die RhE immer noch mit Problemen bei den Grundstücksentschädigungen und fehlenden Genehmigungen.

Und das, obwohl das Ministerium für öffentliche Arbeiten die Dringlichkeit des Bahnbaus betonte, um der arbeitslosen Bevölkerung im Westerwald eine Beschäftigung zu ermöglichen. Erst die Staatsbahn sorgte am 31. Mai 1884 für die Eröffnung dieser Westerwaldbahn. Gleichzeitig mit dieser Strecke wurde an deren Station Grenzau eine rund zwei Kilometer lange Stichbahn nach

OFFICIELLER ANZEIGER.

Rheinische Eisenbahn.

Am 11. Juli c. wird die **Rechtsrheinische Eisenbahn** von **Obercassel (Bonn)** bis **Neuwied (rechtes Ufer)** dem Verkehre übergeben, und tritt von genanntem Tage ab auf Strecke Bonn-Obercassel-Oberlahnstein (Coblenz) nachfolgender Fahrplan in Kraft:

Station		Vormittags.				Nachmittags.		
Köln	Abfahrt	—	6	9_{20}	11_{45}	2_{48}	6_{10}	7_{20}
Bonn	Ankunft	—	6_{59}	10_{15}	12_{45}	3_{40}	6_{50}	8_{15}
Bonn	Abfahrt	—	7_{20}	10_{23}	12_{53}	3_{50}	6_{55}	8_{23}
Bonn (Traject) . .	"	—	7_{29}	10_{31}	1_{1}	3_{59}	7_{4}	8_{31}
Obercassel . . .	"	—	7_{50}	10_{50}	1_{20}	4_{20}	7_{25}	8_{50}
Königswinter . .	"	—	8	11	1_{29}	4_{30}	7_{35}	9
Honnef	"	—	8_{10}	11_{10}	1_{38}	4_{40}	7_{45}	9_{10}
Unkel	"	—	8_{19}	11_{19}	1_{46}	4_{49}	7_{53}	9_{19}
Linz	"	6_{20}	8_{30}	11_{30}	1_{55}	5	8_{3}	9_{30}
Hönningen . . .	"	6_{33}	8_{44}	11_{43}	2_{6}	5_{13}	8_{17}	an
Leutesdorf	"	6_{49}	8_{59}	11_{59}	2_{20}	5_{29}	8_{33}	—
Neuwied (rechtes Ufer)	"	7_{2}	9_{12}	12_{12}	2_{31}	5_{42}	8_{47}	—
Engers	"	7_{13}	9_{23}	12_{23}	2_{41}	5_{53}	8_{58}	—
Bendorf	"	7_{20}	9_{30}	12_{30}	2_{47}	6	9_{5}	—
Vallendar	"	7_{27}	9_{37}	12_{37}	2_{53}	6_{7}	9_{12}	—
Ehrenbreitstein	. Ankunft	7_{35}	9_{45}'	12_{45}	3	6_{15}	9_{20}	—
Ehrenbreitstein	. Abfahrt	7_{47}	9_{55}	12_{55}	3_{3}	6_{20}	9_{30}	—
Horchheim . . .	"	7_{57}	10_{5}	1_{5}	—	6_{30}	9_{40}	—
Niederlahnstein .	"	8_{2}	10_{10}	1_{10}	—	6_{35}	9_{45}	—
Oberlahnstein . .	Ankunft	8_{5}	10_{13}	1_{13}	3_{15}	6_{38}	9_{48}	—
Ems	Ankunft	9	11	2_{35}	3_{50}	8_{9}	11	—
Wiesbaden . .	"	11	2_{20}	—	6_{35}	10_{12}	—	—
Frankfurt . . .	"	12	3_{48}	—	8_{5}	—	—	—
Ehrenbreitstein	. Abfahrt	7_{43}	9_{50}	12_{50}	3_{8}	6_{18}	9_{25}	—
Coblenz	"	7_{50}	9_{57}	12_{57}	3_{15}	6_{25}	9_{32}	—
Coblenz . . .	Abfahrt	7_{55}	10_{55}	2_{40}	5_{30}	7_{5}	—	—
Bingerbrück . .	"	9_{10}	12_{5}	4_{15}	7	8_{10}	—	—

Station		Vormittags.			Nachmittags.			
Bingerbrück . .	Abfahrt	—	—	9_{25}	12_{40}	3_{25}	5	6_{25}
Coblenz . . .	Ankunft	—	—	10_{55}	2_{15}	4_{40}	6_{30}	7_{50}
Coblenz	Abfahrt	—	7_{30}	11_{3}	2_{33}	5	6_{35}	8_{3}
Ehrenbreitstein	. Ankunft	—	7_{37}	11_{10}	2_{40}	5_{7}	6_{42}	8_{10}
Frankfurt . .	Abfahrt	—	—	7_{20}	10_{30}	—	2	4_{10}
Wiesbaden . .	"	—	—	8_{15}	11_{25}	—	3	5
Ems	"	—	6_{30}	10	11_{15}	3_{10}	5_{40}	7_{15}
Oberlahnstein . .	Abfahrt	—	7_{17}	10_{47}	2_{17}	4_{12}	6_{22}	7_{47}
Niederlahnstein .	"	—	7_{21}	10_{51}	2_{21}	4_{46}	6_{26}	7_{51}
Horchheim . . .	"	—	7_{26}	10_{56}	2_{26}	4_{51}	6_{31}	7_{56}
Ehrenbreitstein	. Ankunft	—	7_{35}	11_{5}	2_{35}	5	6_{40}	8_{5}
Ehrenbreitstein	. Abfahrt	—	7_{45}	11_{15}	2_{45}	5_{10}	6_{45}	8_{15}
Vallendar	"	—	7_{54}	11_{24}	2_{54}	5_{19}	6_{54}	8_{24}
Bendorf	"	—	8_{1}	11_{31}	3_{1}	5_{26}	7_{1}	8_{31}
Engers	"	—	8_{8}	11_{38}	3_{8}	5_{33}	7_{8}	8_{38}
Neuwied (rechtes Ufer)	"	—	8_{19}	11_{49}	3_{20}	5_{44}	7_{20}	8_{49}
Leutesdorf . . .	"	—	8_{30}	12	3_{32}	5_{56}	7_{32}	9_{1}
Hönningen . . .	"	—	8_{45}	12_{16}	3_{48}	6_{12}	7_{48}	9_{17}
Linz	"	6_{40}	8_{59}	12_{30}	4_{1}	6_{26}	8_{1}	9_{30}
Unkel	"	6_{51}	9_{11}	12_{42}	4_{12}	6_{37}	8_{12}	an
Honnef	"	7	9_{20}	12_{51}	4_{21}	6_{46}	8_{21}	—
Königswinter . .	"	7_{10}	9_{30}	1_{1}	4_{31}	6_{56}	8_{31}	—
Obercassel . . .	"	7_{25}	9_{45}	1_{17}	4_{45}	7_{10}	8_{47}	—
Bonn (Traject) . .	"	7_{42}	10_{2}	1_{33}	5_{2}	7_{32}	9_{3}	—
Bonn	Ankunft	7_{50}	11_{10}	1_{40}	5_{10}	7_{40}	9_{10}	—
Bonn	Abfahrt	7_{55}	10_{40}	1_{45}	5_{15}	8_{25}	9_{20}	—
Köln	Ankunft	8_{50}	11_{25}	2_{40}	5_{55}	9_{25}	10	—

Die Fahrpreise etc. sind aus den Placat-Fahrplan ersichtlich.

Der Fahrplan der Strecke Coblenz-Oberlahnstein vom 1. Juni c. erleidet keinerlei Abänderung. Auf der Linksrheinischen Bahn sind die Züge um 5_{15} Nachm. von Bonn nach Köln, und 6_{10} Abends von Köln nach Bonn neu eingelegt.

Köln, den 5. Juli 1870.

Die Direction.

Es ist geschafft: der erste Fahrplan der am 5. Juli 1870 eröffneten Rechtsrheinischen Eisenbahn.

Grenzhausen eröffnet, welche die Staatsbahn am 1. Februar 1911 noch einmal um vier Kilometer bis Hillscheid verlängerte. Bei dieser später als Brextalbahn bekannten Strecke wurde zwischen Engers und Siershahn der Höhenunterschied von 230 Metern durch 36 Brücken und Viadukte sowie sieben Tunnel überwunden. Der Bahnhof Engers entwickelte sich durch diese Zweigbahn zu einer regionalen Eisenbahnhochburg. Weitere Klein-, Neben- und Privatbahnen siedelten sich entlang der rechten Rheinstrecke unter anderem in Königswinter, Linz und Neuwied an.

Königswinter war durch die Burgruine Drachenfels schon immer ein Touristenmagnet, was sich durch die neue Eisenbahnstation noch verstärkte. Zu diesem Zeitpunkt war der Weg zum „Berg der Deutschen“ zu Fuß oder per Eselsritt allerdings mühsam. Eine bessere Verkehrssituation versprach deshalb satte Gewinne. Mit dieser verlockenden Aussicht eröffnete die Deutsche Lokal- und Straßenbahngesellschaft nach rund achtmonatiger Bauzeit am 17. Juli 1883 in Königswinter eine Zahnradbahn. Aufgrund deren Erfolgs eröffnete die Petersberger Zahnradgesellschaft am 20. Juli 1889 eine weitere Bergbahn, die von Königswinter aus die Touristen zum Petersberg beförderte. Eine Zahnradbahn entstand 1885 auch in Rüdesheim, die als Niederwaldbahn Ausflügler zum zwei Jahre zuvor eröffneten Niederwalddenkmal brachte. Durch Bombardierungen im Zweiten Weltkrieg war die Niederwaldbahn jedoch so schwer beschädigt, dass ab 1954 eine Drahtseilbahn zum Einsatz kam.

Der vielseitig verwendbare Rohstoff Basalt führte am 1. Oktober 1912 zur Eröffnung der rund 30 Kilometer langen Verbindung von Linz nach Flammersfeld, die als Kasbachtalbahn bekannt wurde. Für diese neue Steilstrecke wurde der Bahnhof Linz durch umfangreiche

17 101 verlässt am 25. Mai 1931 mit D 164 den Loreley-Tunnel südlich von St. Goarshausen. Der internationale Schnellzug mit Speisenwagen hielt auf seiner Fahrt von Amsterdam über Köln bis Basel auch im eher beschaulichen Niederlahnstein.

Gleisanlagen, ein Bahnbetriebswerk mit vierständigem Lokschuppen und eine 19-Meter-Drehscheibe erweitert. Der Basaltabbau und das am 28. Juli 1892 verabschiedete Preußische Kleinbahngesetz begünstigten am Bahnhof Rheinbrohl den Bau der am 15. September 1898 eröffneten sechs Kilometer langen Kleinbahn nach Mahlberg.

Die Staatsbahn, als Nachfolger zuständig für die rechte Rheinstrecke, baute dann die spektakulärsten Brückenbauwerke. Die am 1. September 1915 mitten im Ersten Weltkrieg für den Güterverkehr eröffnete Hindenburgbrücke, benannt nach dem späteren Reichspräsidenten Paul von Hindenburg, führte von Rüdesheim über den Rhein nach Bingen und Mainz, um sich dann in Richtung der Nahetalbahn sowie der Strecke Gau Algesheim–Bad Kreuznach zu verzweigen.

Vom Bahnhof Neuwied aus errichtete die Staatsbahn kurz vor Ende des Ersten Weltkrieges am 15. August 1918 die Kronprinz-Wilhelm-Brücke, auf der Güterzüge in Richtung Koblenz fuhren. Erst nach dem Ersten Weltkrieg gebaut, aber dennoch im Mittelpunkt militärischer Auseinandersetzungen stand die Ludendorffbrücke, heute besser bekannt als „Brücke von Remagen“. Die nach dem preußischen General und anfänglichen Adolf-Hitler-Unterstützer

Eine Bahn der Burgen: Vor der Kulisse der Burg Gutenfels fährt 140 067 mit einem Güterzug am 19. Mai 1979 an der Bundestraße 42 in Kaub vorbei.

Erich Ludendorff benannte Brücke zweigte ab dem 1. September 1915 an der Bahnstation von der rechten Reinstrecke in Richtung Ahrtal ab. Wie auch die Hindenburg- und Kronprinzenbrücke spielte dieses Bauwerk verkehrsmäßig nur eine Nebenrolle. Bedeutender für den Personenverkehr wurde die am 15. Mai 1879 von der Staatsbahn in Koblenz eingeweihte Horchheimer Brücke, die ebenfalls die linke mit der rechten Rheinstrecke verband.

Mit der Fertigstellung der Strecke von Speldorf nach Troisdorf komplettierte die RhE dann den eisernen Verbund zwischen Kohle, Erz und Fertigung. Um den Bahnhof Friedrich-Wilhelms-Hütte entstand durch die zunehmende Besiedelung sogar ein eigener Ortsteil, der erst zu Menden und seit 1969 zu Troisdorf gehört. Die rechte Rheinstrecke entwickelte sich zu einer viel frequentierten Nord-Süd-Verbindung. Der Güterverkehr wuchs so schnell, dass bald darauf der zweigleisige Ausbau erfolgte. Schon lange vor diesem geglückten Unternehmen wollte die RhE endlich auch ins Bergische Land vorstoßen, um mit der Elberfelder BME-Stammstrecke zu konkurrieren. Diese Strecke sollte jedoch keinen weiteren Höhenflug einleiten, sondern das Ende der Gesellschaft einläuten.

Blick vom Loreleyfelsen am 16. Juli 1981 auf den nordwärts nach Dortmund fahrenden 601 001.

Am Rhein in Rüdesheim: Eine preußische T 18 (BR 78) fährt 1937 mit einer Schnellzuggarnitur durch den rechtsrheinischen Weinort Rüdesheim. Im Hintergrund ist die 1945 zerstörte Hindenburgbrücke zu erkennen.

Mit der Nordbahn in den Niedergang: Die Strecke Düsseldorf–Elberfeld–Dortmund Süd

Wichtige Eröffnungsdaten:

1. Februar 1876: Düsseldorf-Rath–Düsseldorf-Derendorf

15. Mai 1879: Hagen-Eckesey–Herdecke–Löttringhausen–Dortmund-Hacheney

15. September 1879: Düsseldorf-Derendorf–Düsseldorf-Gerresheim–Varresbeck–Wichlinghausen–Schwelm Loh–Heubing–Hagen-Eckesey

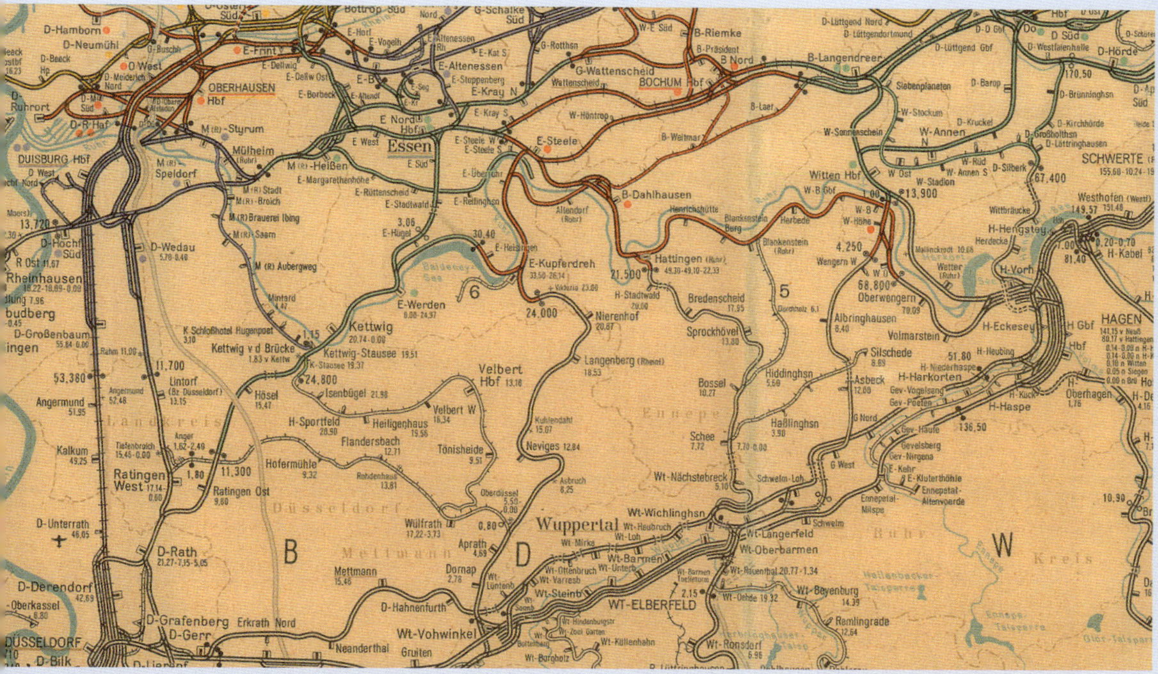

Die Karte der Bundesbahndirektion Essen von 1959 zeigt den Streckenverlauf Düsseldorf-Derendorf–Elberfeld–Hagen–Hörde bis Dortmund.

Kampfansage nach Kapitalerhöhung

Ob Köln, Krefeld oder Koblenz: In den größeren Städten des südwestdeutschen Raumes war die RhE mittlerweile überall präsent. Nur am gewinnträchtigen Wirtschaftszentrum Düsseldorf und dem profitversprechenden Wuppertal liefen die „Rheinischen Schienen" bislang vorbei. Das wollte die Gesellschaft ändern. Schon 1869 beschäftigte sich die RhE mit einem Anschluss für die Städte Barmen und Elberfeld. Anlass für diesen Vorstoß war auch die von der Staatsregierung angeblich bevorzugte BME, die weitere Neubaustrecken wie die „Ausführung einer Bahn von Gladbach nach Köln und die Weiterführung der Elberfeld-Deutzer Bahn" in Aussicht gestellt bekam. Dadurch erhöhte sich deren Aktienkapital auf 65 Millionen Taler, was zuvor keiner anderen Privatgesellschaft geglückt war. Die RhE sah sich dadurch herausgefordert, „einen möglichst lebhaften und entwicklungsfähigen inneren Verkehr zu sichern".

Diese Sicherheit sollte eine Einbindung der Zentren im Tal der Wupper und der benachbarten Regionen in das RhE-Netz ermöglichen. Um den Aktionären diese Kampfansage schmackhaft zu machen, verwies die Gesellschaft auf wachsende Einnahmen der BME und KME in diesen Regionen von rund fünf Millionen Talern im Jahr 1869.

Diese finanzielle Verlockung führte dazu, dass die Direktion auf der Generalversammlung vom 31. Mai 1870 von den Aktionären ermächtigt wurde, eine Zweigbahn von Köln durch das Dhünntal bis Hückeswagen und von dort durch das Wuppertal nach Rittershausen, Barmen

Imposante Viadukte wie in Wuppertal-Heubruch waren das Markenzeichen der Wuppertaler Nordbahn, auf der 01 1066 und 44 508 mit Sonderzug E 28248 am 7. Dezember 1975 unterwegs sind.

und Elberfeld zur Fortführung nach Hagen und Dortmund sowie nach Steele, Bochum und Witten zu bauen.

Allerdings besaß die Direktion für die Kostenkalkulation als Anhaltspunkt nur die früheren Investitionen für die BME-Stammstrecke und rechnete deshalb mit ungefähren Baukosten von 18 Millionen Talern.

Die Barmer fahren nach Berlin

Auch die Elberfelder Handelskammer sah großen Bedarf für eine Entlastungsstrecke durch das Wuppertal und forderte im Januar 1872 von der BME, wegen der „großen Masse transportbedürftiger Güter" für deren „überbordende Strecken" entweder Parallelgleise anzulegen, die Bahnhöfe zu erweitern oder am besten gleich neue Strecken zu bauen. Kurze Zeit später reisten Vertreter der Barmer Handelskammer nach Berlin, um beim Handelsministerium für die RhE-Pläne zu werben. Die Unterstützer verbuchten einen Teilerfolg, denn die RhE erhielt darauf eine Genehmigung für Vorarbeiten einer Strecke von „Barmen nach Düsseldorf".

Köln war damit ebenso aus dem Rennen wie Hückeswagen, das dann von der BME durch die im Dezember 1876 fertiggestellte Wippertalbahn von Bergisch Born nach Marienheide mit einem Bahnhof an die große weite Eisenbahnwelt angeschlossen wurde. Die RhE erhielt hingegen statt erhoffter Konzessionen 1873 erst einmal staatliche Forderungen. Das Handelsministerium

Auf der Steigung von Hagen-Eckesey bis Gevelsberg befördert die Hammer 044 493 am 13. August 1973 den Gag 69758 nach Dornap-Hahnenfurth bei Schwelm-Vörfken.

verlangte als Gegenleistung für künftige Genehmigungen von der RhE die Abtretung der rechten Rheinstrecke von Oberlahnstein bis Speldorf. Durch diese Verzögerung ruhten zwar die Verhandlungen für den Grunderwerb in Barmen und Elberfeld, dennoch war die Strecke schon so weit projektiert, dass die RhE zwischen verschiedenen Linienführungen wählen konnte.

Kurz darauf nahm Preußen wieder Abstand von der Abtretung und die RhE erhielt am 9. Juni 1873 endlich die ersehnte Genehmigung. Ein Jahr später vermeldete die Direktion, dass der Erwerb des notwendigen Terrains der Hauptlinie Düsseldorf–Dortmund bereits in vollem Gange sei. Die RhE war zuversichtlich, den Bau innerhalb der konzessionsmäßig vorgeschriebenen Frist von vier Jahren fertigzustellen. Die Strecke werde zwar „sehr teuer", biete aber, so die RhE, Aussichten auf „einen sehr großen Verkehr".

Zwei Jahre später durfte sich zumindest schon Düsseldorf nach den KME- und BME-Bahnhöfen auch über RhE-Stationen freuen. Für eine neue Stichbahn baute die RhE von ihrer Speldorfer Strecke in Rath und Derendorf wieder eigene Rheinische Bahnhöfe. Die am 1. Februar 1876 eröffnete Strecke von Rath über Mörsenbroich nach Düsseldorf-Derendorf verknüpfte die RhE ein Jahr später als Güterumfahrungsbahn über Lierenfeld und Eller wieder an die Troisdorf-Speldorf-Trasse. Kurz zuvor hatte die Gesellschaft im Ruhrgebiet vom Bahnhof Dortmund Süd am 12. November 1875 eine neue Strecke nach Hagen-Hacheney fertiggestellt, um dortige Zechen anzufahren. Die Lücke zwischen Ruhrgebiet und Rheinland wollte die RhE dann wie vorgesehen über das Bergische Land überbrücken.

„Schwierigkeiten aller Art"

Somit wurde der RhE-Bahnhof Derendorf zum Ausgangspunkt einer Linie, die an den Nordhängen von Barmen und Elberfeld der BME unverhohlen den Konkurrenzkampf ansagte. Die Strecke würde parallel zur BME-Linie Düsseldorf–Elberfeld–Dortmund verlaufen. Die Bahnhöfe waren besonders prunkvoll geplant, um zu zeigen, wer der neue Eisenbahn-Gigant im Wuppertal war. Die Vorrausetzungen für den Konkurrenzkampf schienen günstig, denn der wachsende Güterverkehr war von den BME-Zügen kaum noch zu bewältigen.

Die RhE schien aus einem weiteren Grund für das „Duell" bestens gerüstet: Während die BME-Züge in Hochdahl mit Seilzügen eine zeitraubende Steigung von rund 33 Promille überwinden mussten, würde die RhE-Strecke nur einen Höhenunterschied von 12,5 Promille bewältigen. Doch dieser vermeintliche Vorteil kam der Gesellschaft teuer zu stehen. Die Arbeiter mussten für diese Berg- und Talbahn enorme Erdschichten auftürmen. Aufwendige Viadukte und Tunnel waren nötig, um die Höhenunterschiede besonders bei Barmen und Elberfeld zu überwinden. Ein Aufwand, der enormes Geld erforderte. Zugleich ächzte die Gesellschaft unter dem am 11. Juni 1874 verabschiedeten Enteignungsgesetz, das den Grunderwerb verkomplizierte und verzögerte. Dennoch äußerte sich Mevissen auf der Generalversammlung vom 27. Juni 1876 trotz aller Probleme optimistisch: „Wenn die Einweisung in das Grundeigentum sich nicht zu lange verzögert, wird voraussichtlich die ganze an Bauwerken und Schwierigkeiten aller Art überreiche Strecke nach rund fünf Jahren Bauzeit im Jahre 1879 dem Betriebe übergeben werden können." Zwei Jahre später beklagte sich Mevissen über staatlich verordnete

Am Bahnübergang der Carnaper Straße in Wuppertal-Barmen trafen sich 1960 die Wuppertaler Straßenbahn und die E-Lok 609, auch bekannt als „Dicke Berta", der Kleinbahn Loh–Hatzfeld, bevor sie ab der Winchenbachstraße dasselbe Gleis nach Hatzfeld benutzten.

Der letzte planmäßige Dampfzug über die Nordbahn war der bedarfsweise verkehrende Sinterzementzug Gag 69758 von Geseke nach Dornap-Hahnenfurth, der am 4. Mai 1975 mit 044 684 in Wuppertal-Varresbeck hält.

Tariferhöhungen für kleine Gewerbetreibende, die sich ausbreitenden Speditionen und die wachsenden Betriebsausgaben. Gleichzeitig war der Kapitalbedarf für die Strecke bereits auf rund 38 Millionen Taler angewachsen. Trotz Kosteninflation, zeitraubender Enteignungsverfahren und architektonisch gewaltiger Kunstbauten wie dem Schwelmer Tunnel mit einer Länge von 720 Metern hielt Mevissen Wort: Am 15. September 1879 war die Strecke von Düsseldorf bis Hörde in ihrer kompletten Länge von rund 74 Kilometern betriebsfertig.

Ausgangsstation für diese letzte privatwirtschaftlich entstandene Strecke bildete der RhE-Bahnhof in Derendorf. Nach einer kurzen Verbindungskurve fuhren die Züge zunächst parallel zur BME-Stammstrecke, ehe sie über den neuen RhE-Bahnhof Gerresheim auf einer eigenen Trasse Richtung Mettmann, Dornap-Hahnefurth und Varresbeck dampften. Nach Wichlinghausen ging die Fahrt weiter über Schwelm-Loh und Gevelsberg. Anschließend überquerten die Züge die Ruhr mit dem über 300 Meter langen mächtigen Herdecker Viadukt, um schließlich über Hörde am Rheinischen Bahnhof Dortmund Süd zu enden.

Die RhE hatte es geschafft, doch das Geld war am Ende so knapp geworden, dass die Bauherren beispielsweise die Station Mirke nicht wie ursprünglich geplant als Schlossbahnhof mit drei Wartesälen und 65 Hotelzimmern errichteten. Die, laut Mevissen, dennoch „sehr teure Bahn" blieb zudem durch die fehlende Direktverbindung nach Köln vorwiegend auf den inneren Verkehr beschränkt und damit in einer Sackgasse. Für Preußen war diese protzige Parallelstrecke nur ein weiterer Antrieb für die schon längst anvisierte Verstaatlichung der Privatgesellschaften.

Vorserienlok 216 003 („Lollo") fährt am 28. September 1986 mit dem Museumszug des Eisenbahnmuseums Bochum-Dahlhausen in den Bahnhof Wuppertal-Wichlinghausen ein. Von dem großen Areal des ehemaligen Knotenbahnhofs sind nur ein Formsignal und die Bahnsteigüberdachung als Relikte übrig geblieben.

Schienen zum „schönsten Schlachthof"

Ungeachtet aller Kritik über die hohen Kosten siedelten sich wie erhofft an den Bahnhöfen zahlreiche Betriebe an, während der Personenverkehr nur eine untergeordnete Rolle spielte. Am Bahnhof Dornap-Hahnenfurth entstanden zahlreiche Anschlüsse für die ansässigen Kalksteinbetriebe. Der Bahnhof Loh, bis 1880 als „Unter-Barmen RhE" verzeichnet, war ab 1894 Ausgangspunkt der Kleinbahn nach Hatzfeld, die über einen erneut in aufwendiger Ziegelbausteinweise errichteten Viadukt bis zum „schönsten Schlachthof Deutschlands" (Barmens Oberbürgermeister Friedrich Wilhelm Wegner) nach Barmen führte. Die Stadt Barmen verlängerte den Kleinbahnanschluss 1911 bis nach Hatzfeld. Durch die ein Jahr zuvor erfolgte Elektrifizierung nutzten die Barmer Straßenbahnbetriebe die Strecke für den Personenverkehr. Noch einmal verlängert wurde die Kleinbahntrasse im Dezember 1920 zum Hatzfelder Wasserturm. Die Strecke verzeichnete für Jahrzehnte ein starkes Güteraufkommen und ab 1923 einen intensiven Kohlenverkehr zum Heizwerk am Clef.

Wichlinghausen, bis zur Gründung der Stadt Wuppertal noch Ober-Barmen RhE, war der vielleicht wichtigste Streckenbahnhof. Die Eisenbahndirektion baute nach der RhE-Verstaatlichung am 1. Juni 1890 zunächst eine Verbindung von Wichlinghausen nach Oberbarmen zur BME-Konkurrenzlinie. Das jetzt zum Keilbahnhof avancierte Wichlinghausen erhielt 1910 eine weitere Trasse zum Verschiebe- und Güterbahnhof Langerfeld.

Der Personenverkehr auf der Nordbahn war am 27. April 1987 auf zwei „Alibi-Zugpaare" im Berufsverkehr reduziert worden. Eine Akkutriebwagen-Garnitur passiert auf der Fahrt von Wichlinghausen nach Vohwinkel das markante Fahrdienstleiterstellwerk des Bahnhofs Wuppertal-Varresbeck.

Etwas nördlich vom Bahnhof Bredenscheid der Hattinger Kohlenbahn fährt im Mai 1973 ein Akkutriebwagen der Baureihe 515 über einen Viadukt von Hattingen nach Wuppertal.

Noch bevor die RhE verstaatlicht wurde, plante sie bereits eine Strecke von Wichlinghausen über Hattingen nach Steele. Die Gesellschaft hatte dafür bereits Entschädigungsverfahren beantragt und mit dem Tunnel nach Schee begonnen. Als Hauptbetriebsstelle war Sprockhövel vorgesehen, denn die Gemeinde erlebte durch florierende Steinkohlezechen und Sandsteinbrüche einen wirtschaftlichen Aufschwung.

Die Eisenbahndirektion Elberfeld, die nach der Verstaatlichung die Nordbahn verwaltete, war deshalb bereit, in die topografisch schwierig zu bauende Strecke nach Hattingen zu investieren. Immerhin mussten die Bahnbauer einen Höhenunterschied von rund 185 Meter überwinden. Nach dem Bau mehrerer Viadukte und zweier Tunnel sowie zahlreicher Firmenanschlüsse wurde die Strecke am 20. Mai 1884 offiziell fertiggestellt. Der Bahnhof Hattingen existierte bereits seit 1869 durch die Mittlere Ruhrtalbahn der BME. Ab 1909 zweigte an dieser Strecke am Haltepunkt Bossel eine Kleinbahn für den Kohlentransport nach Blankenstein ab. Wegen ihrer Verbindungen zu zahlreichen Zechen wurde die Strecke im Volksmund als „Hattinger Kohlenbahn“ bekannt.

Noch ein Jahr vor Fertigstellung dieser Verbindung flehten die Gemeindevertreter von Haßlinghausen das Staatsministerium an, wegen der örtlichen Betriebe auch eine Eisenbahn nach Haßlinghausen zu bauen. Preußen genehmigte im März 1885 den Bau einer Strecke, die von der Kohlenbahn vom Bahnhof Schee abzweigend bis zur Zeche „Trappe“ nach Silschede führte. Durch die Eröffnung am 1. November 1889 entwickelte sich der Bahnhof Schee zu einem viel frequentierten Umsteigebahnhof. Dennoch konnte die „Rheinische“ sowohl im Güter- als auch im Personenverkehr nicht wie erhofft mit der BME-Linie konkurrieren. Der Niedergang der Nordbahn sollte dann ebenso schleppend wie schmerzhaft sein.

9

Bismarck gegen das Bahnwirrwarr: Die Verstaatlichung der Rheinischen Eisenbahngesellschaft

Übernahmedaten:
28. Dezember 1879: Erlass zur Gründung einer Königlichen Eisenbahndirektion für Verwaltung und Betriebsführung der RhE
25. Februar 1880: Gesetz zur Verstaatlichung der Rheinischen Eisenbahngesellschaft
1. April 1880: Umbenennung in Königliche Direktion der Rheinischen Eisenbahngesellschaft zu Köln
31. März 1881: Auflösung der Königlichen Direktion der Rheinischen Eisenbahngesellschaft zu Köln
1. April 1881: Gründung der Königlichen Eisenbahndirektion zu Köln linksrheinisch
1. April 1881: Gründung der Königlichen Eisenbahndirektion zu Köln rechtsrheinisch
1. April 1895: Zusammenlegung der Königlichen Eisenbahndirektion zu Köln linksrheinisch und Königlichen Eisenbahndirektion zu Köln rechtsrheinisch zur Königlichen Eisenbahndirektion Köln (KED Köln)
22. November 1918: Umbenennung in Eisendirektion Köln (ED Köln)
6. Juli 1922: Umbenennung in Reichsbahndirektion Köln (RBD Köln)
7. September 1949: Umbenennung in Eisenbahnbahndirektion Köln (ED Köln)
1. April 1953: Gründung der Deutschen Bundesbahn (DB) und Umbenennung in Bundesbahndirektion Köln (BD Köln)
31. Dezember 1993: Auflösung der BD Köln
1. Januar 1994: Gründung der Deutschen Bahn AG (DB AG)

Gesetz vom	Bezeichnung der Bahn	Länge	Davon Hauptbahnen	Davon Nebenbahnen	Für Rechnung des Staates betrieben seit dem	Ausgegebene Staatsschuldverschreibungen zum Nennbetrag von (%ig)	Selbstschuldnerisch übernommene Anleihen[1]	Barer Kaufpreis oder bare Zuzahlung	Gesamtleistung des Staates	Auf 1 km Bahnlänge	Das Grundkapital betrug im ganzen	Das Grundkapital betrug auf 1 km Bahnlänge	Dem Staat zur freien Verfügung anheimgefallene Aktivfonds
		km	km	km		M.	in Mark						
	a) Von Preußen erworbene Eisenbahnen:												
3. V. 1872	Taunus-Eisenbahn	49·97	49·97	–[2]	1. I. 1872	–	1,422.500	8,588.600	10,011.100	200.342	6,565.400	131.387	1,080.750
7. VI. 1876	Halle-Kasseler Eisenbahn	223·54	223·54	–[2]	1. IV. 1876	–	–	41,251.700	41,251.700	184.538	46,509.000	208.057	925.650
20. XII. 1879	Berlin-Stettiner Eisenbahn	961·75	805·79	155·96	1. I. 1879	62,145.000 (4) 10,357.500 (4½)	120,717.000	–	193,219.500	200.927	182,862.000	190.156	8,064.449
20. XII. 1879	Magdeburg-Halberstädter Eisenbahn	1025·59	970·56	55·03	1. I. 1879	121,725.000 (4)	222,447.300	–	344,172.300	335.585	326,847.300	318.692	12,978.743
20. XII. 1879	Hannover-Altenbekener Eisenbahn	268·05	239·32	28·73	1. I. 1879	–	40,013.100	8,621.400	48,634.500	181.438	72,818.404	271.660	863.486
20. XII. 1879	Köln-Mindener Eisenbahn	1108·46	1091·18	17·28	1. I. 1879	175,500.000 (4)	329,656.500	1,170.000	506,326.500	456.784	446,656.500	402.952	13,528.587
		3363·85											
14. II. 1880	Rheinische Eisenbahn	1295·48	1225·87	69·61	1. I. 1880	402,452.250 (4)	187,554.750	1,122.900	591,129.900	456.302	449,640.750	347.084	42,111.690
14. II. 1880	Berlin-Potsdam-Magdeburger Eisenbahn	260·18	247·23	12·95	1. I. 1879	60,000.000 (4)	67,335.900	600.000	127,935.900	491.721	127,335.990	498.515	4,611.190
25. II. 1880	Homburger Eisenbahn	17·52	17·52	–	1. I. 1880	–	1,899.400	1,800.000	3,699.400	211.153	4,642.250	264.969	118.376
7. III. 1880	Hessischer Anteil der Main-Weser Eisenbahn	65·10	65·10	–	1. IV. 1880	–	–	17,250.000	17,250.000	264.977	16,457.000	252.796	–
7. III. 1880	(Vom hessischen Staat erworben)	1638·28											
28. III. 1882	Bergisch-Märkische Eisenbahn	1336 14	1089·41	246·73	1. I. 1882	262,500.000 (4)	371,347.500	–	633,847.500	474.387	581,347.500	435.095	20,203.937
28. III. 1882	Thüringische Eisenbahn	503·69	466·40	37·29	1. I. 1882	133,874.400 (4)	46,595.400	3,130.500	183,600.300	364.510	118,530.900	235.325	5,866.172
28. III. 1882	Berlin-Görlitzer Eisenbahn	318·18	310·48	7·70	1. I. 1883	22,687.500 (4)	31,493.400	–	54,180.900	170.284	64,493.400	202.695	1,544.823
28. III. 1882	Kottbus-Großenhainer Eisenbahn	154·50	152·54	1·96	1. I. 1881	15,750.000 (4)	2,631.400	–	18,381.400	118.973	17,631.400	114.119	624.675
28. III. 1882	Märkisch-Posener Eisenbahn	281·66	271·60	10·06	1. I. 1883	34,528.100 (4)	2,861.100	217.500	37,606.700	133.518	46,361.100	164.600	1,247.869
28. III. 1882	Rhein-Nahe-Eisenbahn	121·26	121·26	–	1. I. 1884	4,341.500 (4)	23,827.500	607.800	28,776.800	237.315	49,876.500	411.319	–
3. V. 1882	Berlin-Anhaltische Eisenbahn	429·97	429·97	–	1. I. 1882	77,625.000 (4)	47,321.800	–	124,946.800	290.594	99,071.800	230.416	2,901.246
		3145·40											

[1] Der Stand der Anleihen ist aus den Landtagsvorlagen entnommen. Die mit mehr als 3½% verzinslichen Anleihen sind – soweit dies zulässig war – inzwischen in 3½%ige Konsols konvertiert oder nach Kündigung bar zurückgezahlt. Die dann noch verbliebenen Anleihen sind der Hauptverwaltung der Staatsschulden zur Verwaltung überwiesen worden. Mit dem Erwerb der Braunschweigischen Eisenbahn ist auch die Verbindlichkeit der Gesellschaft, an die Braunschweigische Regierung eine Annuität von 2,625.000 M. auf die Dauer von 64 Jahren – ab 1. Januar 1869 laufend – zu zahlen, vom Staat übernommen worden.

[2] Nebenbahnen werden erst seit 1880 unterschieden.

Die Tabelle zeigt einen Teil der seit 1872 von Preußen und Hessen erworbenen Eisenbahnen – darunter die Rheinische Eisenbahngesellschaft.

Auf ewige Zeiten

Es war der folgende Satz, der am 17. Dezember 1879 das Ende besiegelte: „Die Rheinische Eisenbahngesellschaft überträgt die Verwaltung und den Betrieb ihres ganzen Unternehmens ohne irgendwelche Beschränkung auf ewige Zeiten an den Staat."

Vorrausgegangen waren dieser Vereinbarung zwischen der Königlichen Staatsregierung und der RhE-Direktion wiederum jahrelange Debatten, Denkschriften und Gesetzesinitiativen zum Pro und Kontra einer Verstaatlichung des privaten Eisenbahnwesens.

Rund ein halbes Jahrhundert zuvor hatte sich Preußen unter König Friedrich Wilhelm III. noch wenig interessiert am boomenden Eisenbahnbau gezeigt. Der König sah die Eisenbahn nicht als Trumpfkarte des wirtschaftlichen Wachstums, sondern als Störfaktor für die Biedermeier-Gemütlichkeit. Zudem war Preußen zu diesem Zeitpunkt durch die napoleonischen Kriege völlig verarmt und gab erst allmählich die Zurückhaltung beim Bahnbau auf. Das erste einschneidende Ergebnis bildete das am 3. November 1838 verabschiedete Preußische Eisenbahngesetz. Dieser Erlass verlangte unter anderem den Bau von Bahnen bis zu einer gewissen Frist sowie eine unentgeltliche Beförderung der staatlichen Post. Von da an unterlagen projektierte Eisenbahnen der königlichen Genehmigung, allerdings unterstützte der Staat die Gesellschaft auch finanziell wie beim Bau der RhE-Strecke Köln–Herbesthal mit Aktienübernahmen und Zinsbürgschaften. Dieses Gesetz ebnete zugleich den Weg ins spätere Staatsbahnsystem, weil sich Preußen vorbehielt, die privaten Bahnen nach 30 Jahren aufzukaufen.

Nur noch eine Ruine war das ehemalige Kölner Direktionsgebäude der RhE nach dem Zweiten Weltkrieg. Das Gebäude verschwand dann ebenso wie der frühere Inhaber.

Der nächste Vorstoß kam dann ausgerechnet vom ehemaligen RhE-Vorstandsmitglied David Hansemann, der seit dem 29. März 1848 Preußens Finanzminister war. Sein Ministerpräsident war mit Ludolf Camphausen ebenfalls ein alter RhE-Bekannter. Camphausen trat allerdings bereits am 20. Juni 1848 wieder von seinem Amt zurück, während sich Hansemann unter Camphausens Nachfolger Rudolf von Auerswald mit einer Denkschrift für den Erwerb aller damals vorhandenen preußischen Privatbahnen einsetzte. Mit dem Rücktritt des Kabinetts Auerswald-Hansemann am 21. September 1848 endeten diese Absichten.

August von der Heydt verfolgte den Staatsbahngedanken weiter. Der gebürtige Elberfelder unterstützte seit 1835 engagiert den RhE-Konkurrenten BME und war seit 1843 Vorsitzender des zuständigen Verwaltungsrates. Der Bankier übernahm im Kabinett Brandenburg-Manteuffel am 4. Dezember 1848 zudem das Ministerium für Handel, Gewerbe und öffentliche Arbeiten.

Von der Heydt bestimmte 1853 per Gesetz, dass die Erträge der seit 1838 vorgesehenen Eisenbahnsteuer zum Eisenbahnaktienkauf verwendet wurden, um allmählich die Privatbahnen zu erwerben. Von der Heydt war es auch, der die Nachtzüge auf den großen Linien und den Ein-Pfenning-Tarif für Kohlentransporte einführte. Von der Heydts Nachfolger Heinrich Friedrich von Itzenplitz unterstützte wieder das Privatbahnsystem, weshalb der Staat teilweise seine Aufsichtsrechte gegen finanzielle Entschädigungen aufgab und sogar

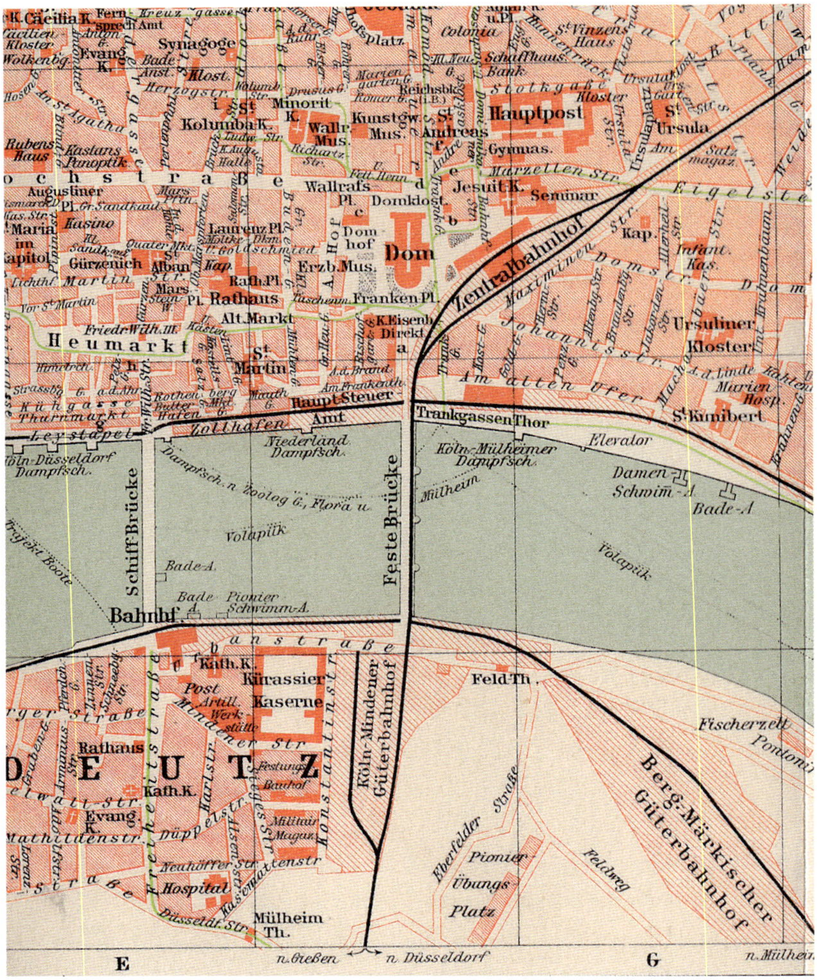

Die Karte von 1890 zeigt die verschiedenen Kölner Bahnhöfe der privaten Eisenbahngesellschaften. Nach der Verstaatlichung wurde der Centralbahnhof der RhE durch den heutigen Hauptbahnhof sowie die Personenbahnhöfe der BME und KME durch den heutigen Bahnhof Köln Messe/Deutz ersetzt.

die Westfälische Staatsbahn an die BME verkaufte. Während dieser Zeit plädierten die politischen Strömungen eher für das gemischte Eisenbahnsystem und der Staat hielt sich beim Bau neuer Strecken merklich zurück.

Nutzloses Nebeneinander

Diese wirtschaftsliberalen Tendenzen änderten sich mit dem Ende des Deutsch-Französischen Krieges und der Gründung des Deutschen Reiches im Januar 1871 mit 25 Bundesstaaten – neben Preußen unter anderem Bayern und Sachsen. Der Eisenbahnverkehr nahm ebenso wieder zu wie Beschwerden über die Privatbahnen. Kritiker monierten besonders das Tarifwirrwarr und das oftmals sinnleere Kreuz- und Querbauen von Trassen. Die Rufe nach einem einheitlichen System wurden lauter. Staatsbahnanhänger und Ministerpräsident Fürst Otto von Bismarck gründete am 27. Juni 1873 das Reichseisenbahnamt, um die Aufsichtsrechte gegenüber den Privatgesellschaften besser wahrzunehmen. Bismarck war es auch, der mit dem am 4. Juni 1876 verabschiedeten Eisenbahngesetz zur „Übertragung des Eigentums und sonstigen Rechte des Staates an Eisenbahn auf das Deutsche Reich" einen weiteren Vorstoß in Richtung Verstaatlichung unternahm.

RhE-Präsident Mevissen äußerte sich am 27. Juni 1876 bei der Generalversammlung erwartungsgemäß skeptisch zu den geplanten Maßnahmen: „Das gemischte System lässt dem Staat die volle Freiheit der befruchtenden Initiative und die Freiheit, die Privattätigkeit auf das jeweilig als zweckmäßig und förderlich erkannte Maß zu begrenzen." Der Jurist Victor W. Marcus sah in seiner Denkschrift „Gegen die Verstaatlichung der preußischen Privatbahnen" zwar beim Privatbahnsystem „unwirtschaftlich angelegte Konkurrenzlinien", aber auch der Staat baue unrentable Bahnen, nur um ärmere Landesteile zu unterstützen. Doch diese Stimmen waren auf Dauer chancenlos gegen Preußens bereits beschlossene Verstaatlichungspolitik. Der seit dem 30. März 1878 amtierende Minister Albert von Maybach, wiederum ein erklärter Staatsbahnanhänger, erklärte in seiner Rede am 13. Februar 1879 vor dem preußischen Abgeordnetenhaus, dass sich das Nebeneinander von Privat- und Staatsbahn nicht bewährt habe. Maybach schloss noch im selben Jahr mit einer Anzahl größerer Privatbahnen bereits Verträge über den Erwerb ihrer Linien ab. Dazu zählte die RhE, die den Vertragsentwurf des Ministers am 18. Oktober 1879 erhielt. Mit einigen kleinen Änderungen stimmten die Delegierten bei der Generalversammlung am 17. Dezember 1879 nach einer dreistündigen Debatte dem Vertrag zu und überließen das Unternehmen dem Staat für die Kaufsumme von 591.129.900 Mark. Zu diesem Zeitpunkt verfügte die RhE über ein Streckennetz von rund 1.360 Kilometern, für die rund 500 Lokomotiven, 870 Personen- und 13.580 Güterwagen bereitstanden. Zudem arbeiteten bei dem Unternehmen rund 12.000 Beamte und Angestellte. Die offizielle Übernahme erfolgte am 1. April 1880 zunächst durch die neu gegründete Königliche Direction der Rheinischen Eisenbahn zu Köln.

Die am 1. April 1881 gegründete Königliche Eisenbahndirektion zu Köln linksrheinisch übernahm zunächst alle linksrheinischen RhE-Strecken. Die rechtsrheinischen Verbindungen der Gesellschaft gingen bis auf die Strecke Düsseldorf–Elberfeld–Dortmund Süd, die der Eisenbahndirektion Elberfeld zufiel, mit der ebenfalls verstaatlichten KME am 1. April 1881 auf die neu gegründete Königliche Eisenbahndirektion zu Köln rechtsrheinisch über.

Im Laufe der nächsten Jahre stellte sich aber die Doppelinstanz von Direktion und Betriebsämtern als nachteilig heraus, sodass eine umfassende Reform erfolgte. Dadurch wurden die 20 Direktionen am 1. April 1895 unter der Bezeichnung Königliche Eisenbahndirektion Köln fusioniert. Das Ende der Länderbahnen folgte dann 1922 mit der Reichsbahndirektion Köln.

Zu diesem Zeitpunkt hatte sich die RhE am 1. Januar 1886 endgültig aufgelöst. Nach rund 50 ereignisreichen Jahren existierte die neben der KME und BME größte Privateisenbahn nicht mehr. Ein besonderes Ereignis wartete aber noch auf Ex-Präsident Mevissen, er wurde von Kaiser Wilhelm I. 1884 in den Adelsstand erhoben.

Postkartenidylle und Pedaltreter: Die Rheinischen Strecken im Spiegel der Gegenwart

Die RhE-Trassen bieten gegenwärtig ein unterschiedliches Bild. Die meisten Strecken bilden weiterhin wichtige Verbindungen, andere wiederum wurden stillgelegt und sind zum Teil völlig verschwunden.

International und überlastet: Die Strecke Köln–Herbesthal

Nach der Verstaatlichung baute die zuständige Eisenbahndirektion die Zugverbindungen auf der RhE-Strecke Köln–Herbesthal weiter aus. So existierten ab 1913 Direktverbindungen nach Berlin, Bremen oder Frankfurt am Main. Berühmte Züge wie der Ostende-Wien-Express, der Pullmann-Express oder der Nord-Express waren auch während der Reichsbahnzeit bedeutende internationale Verbindungen. Der legendäre Trans-Europa-Express (TEE) fuhr ab dem 2. Juni 1957 von Aachen über Belgien bis Paris. Wegen der internationalen Bedeutung wurde die Strecke dann bis zum 22. Mai 1966 durchgehend elektrifiziert. Nachdem die Elektrifizierung abgeschlossen war, fuhren zumeist Elektrolokomotiven wie die Baureihe 110 oder belgische Mehrsystemlokomotiven. Dadurch wurde Aachen zum Systemwechselbahnhof ausgebaut, um wahlweise den Wechselstrom der DB oder den Gleichstrom der Nationalen Gesellschaft der Belgischen Eisenbahnen (NGBE) einzuspeisen.

Die RhE-Stammstrecke zählte ab 1973 im Bundesverkehrswegeplan bereits zu den vorgesehenen Ausbaustrecken, die DB AG startete jedoch erst am 22. Oktober 1997 mit den Bauarbeiten. Die Strecke wurde bis 2002 zwischen Köln und Düren um weitere Gleise erweitert und zur Schnellfahrstrecke ausgebaut. Zugleich realisierte die DB in den 1990er-Jahren zwischen Köln und Düren eine eigene S-Bahn-Strecke. Die neue S-Bahn-Haltestelle Köln-Hansaring kam 1990 und im Gegenzug verschwand der nicht mehr benötigte alte RhE-Güterbahnhof Köln-Gereon. Wo einst rangiert, umgeschlagen und ausgebessert wurde, entstand der sogenannte Mediapark mit Kinokomplex, Restaurants und Grünanlage. Neu hinzu kamen ab 2002 der Haltepunkt Köln-Müngersdorf-Technologiepark und ab 2006 der Haltepunkt Köln-Weiden West. Der ehemalige Bahnhof Belvedere in Müngersdorf wird zurzeit umfassend renoviert.

Eine unrühmliche Rolle spielte im „Dritten Reich“ der Bahnhof Köln-Ehrenfeld, der 1944 von Gestapo und SS als Hinrichtungsstätte missbraucht wurde, woran eine Gedenktafel und ein Wandgemälde erinnern. Weiterhin eine wichtige Rolle im Aachener Schienenverkehr spielt der Bahnhof Stolberg. Der Keilbahnhof ist ein unverzichtbarer Bestandteil im Euregiobahn-Netz. Neben Zügen der Strecke Köln–Aachen halten hier die Züge der Strecken nach Mönchengladbach und Herzogenrath sowie der Stolberger Talbahn. Stillgelegt wurden hingegen die

Die Elektrifizierung macht's möglich, dass auf der Strecke Köln–Aachen E-Lok 111 121 mit D 320 (Köln–Aachen–Brüssel–Ostende) am 12. Januar 1990 durch den Bahnhof Horrem fährt.

1983 existierte auf der Vennbahn noch grenzüberschreitender Stückgutverkehr. 215 113 passiert am 5. Februar 1983 den beschrankten Bahnübergang kurz vor dem Bahnhof Walheim, wo jetzt die Eisenbahnfreunde Grenzland ansässig sind.

Strecken nach Münsterbusch und Kohlscheid. Auch die einstigen Abzweigbahnen vom Bahnhof Aachen Rothe Erde namens Vennbahn und zum Moltkebahnhof existieren nicht mehr oder werden wie bei der Vennbahn teilweise als Radweg oder für den touristischen Draisinenbetrieb genutzt. Der Verein Eisenbahnfreunde Grenzland setzt sich für den Erhalt der noch vorhandenen Resttrasse von Stolberg nach Eupen ein und veranstaltet am Bahnhof Walheim touristische Sonderfahrten. Der Plan, diesen Abschnitt in das Euregio-Schienennetz einzubinden, wurde bisher nicht realisiert.

Fast völlig aus dem Stadtbild verschwunden ist auch der einst so wichtige Grenzbahnhof Herbesthal der Gemeinde Lontzen. Der Bahnhof verlor mit Beginn der Elektrifizierung alle Funktionen, wurde am 7. August 1966 offiziell geschlossen und durch den benachbarten Bahnhof Welkenraedt ersetzt. Nachdem die Gleise entfernt worden waren und das Empfangsgebäude jahrelang leer gestanden hatte, wurde das laut Gemeinde „bedeutende Kapitel der ostbelgischen Eisenbahngeschichte" 1983 abgerissen. Übrig geblieben sind ein paar Grundmauern, Stufen und Gedenkschilder sowie ein Denkmal, dass an jüdische Kinder erinnert, die vor dem Zweiten Weltkrieg mit Zügen aus Deutschland in Sicherheit gebracht wurden. Die Strecke wird immer noch von zahlreichen Güterzügen befahren, doch die hohe Frequenz von Personen- und Warentransport führte dazu, dass der Abschnitt zwischen Stolberg und Aachen am 11. November 2019 von der Deutschen Bahn Netz AG (DB Netz AG) zum „überlasteten Schienenweg" erklärt wurde.

Perfekte Postkartenidylle: Die linke Rheinstrecke

Die linke Rheinstrecke ist nach wie vor eine wichtige und landschaftlich reizvolle Verbindung. Besonders im Abschnitt zwischen Rolandseck und Koblenz bilden Trassen und Tunnel entlang der Weinberge eine perfekte Postkartenidylle. Diese Idylle erlebte durch den Zweiten Weltkrieg jedoch auch schwierige Zeiten.

Die Strecke wie auch ihre Abzweigtrassen Ahrtalbahn, Moselstrecke und Nahebahn sowie die Brücken zur rechten Rheinstrecke waren wichtige militärische Verbindungen. Diese Bedeutung registrierten auch die Alliierten, die Bahnhöfe und Brücken der Strecke teilweise heftig bombardierten. Was nicht die Luftangriffe zerstörten, erledigte die Wehrmacht, die im Frühjahr 1945 unter anderem die Mosel- und die Horchheimer Brücke in die Luft sprengte.

Der Fahrbetrieb startete nach Kriegsende wieder im Mai 1945, nachdem die Mosel- und Nahebrücke repariert waren. Die DB konnte die zerstörten Bahnhöfe in Andernach, Bingerbrück und Koblenz allerdings erst ab den 1950er-Jahren schrittweise neu errichten. Trotz dieser anfänglichen Einschränkungen nahm das Verkehrsaufkommen schnell wieder zu. Das Land Rheinland-Pfalz bewilligte der DB deshalb 1955 einen 50-Millionen-Euro-Kredit, um die Strecke zu elektrifizieren, was vier Jahre später zwischen Köln und Mainz umgesetzt war. Durch die Verlängerung des Fahrdrahtes bis Düsseldorf konnten die E-Loks ab diesem Zeitpunkt bis ins nördliche Ruhrgebiet fahren. Während die Güterzüge wegen der zahlreichen Kurven vergleichsweise langsam unterwegs sind, wurde die Strecke durch das Mittelrheintal für den Personenverkehr immer attraktiver.

Die Schnellfahrlokomotive der Baureihe 103 passte perfekt zur Postkartenidylle der linken Rheinstrecke. Am 17. April 1982 ist 103 236 mit IC 612 „Gorch Fock“ (Garmisch-Partenkirchen–Hamburg-Altona–Kiel) in Andernach unterwegs.

Sehr beliebt waren die Reisen mit dem „Rheingold-Express“, der den Fahrgästen einen außergewöhnlichen Komfort bot. Besonders beindruckend waren die Personenwagen, die in den 1970er-Jahren mit der elektrischen Schnellfahrlokomotive der Baureihe 103 eingesetzt wurden. Ab den 1960er-Jahren wurde der „Rheingold“ sogar zum TEE aufgewertet. Mittlerweile ist der „Rheingold“ seit 1987 in keinem Kursbuch mehr vertreten, aber dennoch weiterhin auf der Strecke unterwegs. Dafür sorgt die AKE-Eisenbahntouristik mit Sonderfahrten über die linke und rechte Rheinstrecke. Außergewöhnlich für die Strecke war auch der Airport-Express. Den „Entenschnabel-Express“ setzte die Lufthansa von 1982 bis 1993 mit elektrischen Triebwagen der Baureihen ET 403/04 zwischen den Flughäfen Düsseldorf und Frankfurt am Main ein.

Die Abzweigbahnen mussten „bluten“

Verschwunden oder zumindest teilweise stillgelegt sind Nebenbahnen wie Eifelquerbahn, Ahrtalbahn und Hunsrückbahn. Bei der Eifelquerbahn ruht nach langjährigen Touristikfahrten auf dem Abschnitt zwischen Kaisersesch und Gerolstein der Zugverkehr seit dem 31. Dezember 2012. Zwischen Andernach und Kaisersesch fahren die DB-Regio-Züge als Lahn-Eifel-Bahn.

Der nicht stillgelegte Teil der Ahrtalbahn führt von Remagen bis Ahrbrück. Allerdings wurde die von der DB Regio befahrene Reststrecke während der Flutkatastrophe im Juli 2021 zwischen Walporzheim und Ahrbrück erheblich zerstört. Eine Wiederinbetriebnahme bis Ahrbrück will die DB AG bis Ende 2025 realisieren; zudem wird die Strecke etappenweise elektrifiziert. Große Teile der stillgelegten Abschnitte sind heute Bestandteil des Ahr-Radweges.

Bei der Hunsrückbahn wurde der Personenverkehr zwischen Simmern und Emmelshausen am 29. Mai 1983 eingestellt, dann schrittweise demontiert und bis 1990 zum Schinderhannes-Radweg umgebaut. Auf dem Abschnitt zwischen Boppard und Emmelshausen verkehren aktuell durch einen privaten Betreiber die Triebwagen der Baureihe 650. Der Brohltalbahn drohte 1987 ebenfalls die komplette Stilllegung, was aber die eigens gegründete Interessengemeinschaft Brohltal-Schmalspureisenbahn verhindern konnte. Seitdem sind die Loks im Güterverkehr bundesweit und im Touristikverkehr auf der Resttrasse als Vulkanexpress unterwegs.

Während der Abzweig vom Bahnhof Andernach zum Binnenhafen nach wie vor existiert, sind Standseilbahnen wie die Kranenbergbahn bei Andernach und die Rittersturzbahn bei Koblenz längst abgebaut. Gegenwärtig verkehren als Personenzüge unter anderem die RB 26 der MittelrheinBahn, der RE 17 zwischen Koblenz und Kaiserslautern und der ICE 23 zwischen Dortmund und Wien.

Auch die Fernschnellzüge der „Rheinblitz-Gruppe" waren auf der linken Reinstrecke unterwegs, wie hier am 3. August 1957 in Bingen mit der Verbindung von Dortmund nach Basel.

Ausgebaut und eingedämmt: Die Strecke Köln–Kleve–Nimwegen

Die RhE war bis zu ihrem Ende nach der BME mit rund 300 Kilometern die zweitgrößte Eisenbahngesellschaft am Niederrhein. Nach der Verstaatlichung war für die linksniederrheinischen RhE-Strecken ebenfalls die Eisenbahndirektion Köln zuständig. Die Verwaltung für die Abschnitte Krefeld–Zevenaar, Kleve–Nijmwegen sowie Venlo–Kempen übertrug die Direktion auf das Königliche Eisenbahnamt Krefeld.

Auch in dieser Region bemühte sich die Staatsbahn, die vielen Kreuz- und Quertrassen der oft gegeneinander agierenden Privatbahnen zu optimieren. In den kommenden Jahrzehnten erfolgten auf einigen Abschnitten umfangreiche Aus- und Umbauten, aber auch Demontagen und Stilllegungen.

Der Abschnitt zwischen Köln und Neuss erhielt ab den 1970er-Jahren durch die neue S-Bahn zusätzliche Bedeutung. Die Bauarbeiten begannen 1972 und der erste Streckenabschnitt von Bergisch Gladbach bis zum Kölner Stadtteil Chorweiler war am 1. Juni 1975 betriebsfertig. Der Abschnitt von Bergisch Gladbach bis Köln-Mülheim verläuft auf der alten BME-Trasse, die von 1870 bis 1989 nach Bensberg führte und von der Staatsbahn bis 1912 über Rösrath bis nach Lindlar ausgebaut wurde. Mittlerweile fährt die S-Bahn wieder nur bis Bergisch Gladbach.

Trauriges Ende einer einst hart erkämpften deutsch-niederländischen Verbindung: Der letzte Zug aus Nimwegen erreicht als E 3788 am 1. Juni 1991 den Bahnhof Kleve mit Trauerflor.

Ein Bahnhof wird „verlegt"

Auf der RhE-Strecke zwischen Köln-Longerich und Köln-Worringen baute die DB eine Abzweigtrasse, um neue S-Bahn-Stationen wie Köln-Blumenberg anzufahren. Ab Köln-Worringen führt diese zweigleisige Strecke wieder auf die RhE-Strecke, um ab Dormagen-Bayerwerk kreuzungsfrei in die Alttrasse einzufädeln. Für den S-Bahn-Verkehr musste die DB unter anderem bei den Bahnhöfen Nievenheim, Norf und Neuss die vorhandenen Bahnsteige erhöhen. Einen Sonderfall bildete der Haltepunkt Dormagen-Bayerwerk, der von der Bayer AG 1928 auf eigene Kosten erstellt und im Frühjahr 1984 für die S-Bahn umgebaut wurde. Hinzu kommt das Kuriosum des Bahnhofs Worringen, wo die DB die Trasse um zwei S-Bahn-Gleise und einen Schallschutz erweiterte. Aufgrund dieser Maßnahmen musste das alte RhE-Empfangsgebäude verschwinden. Wegen der vielen Proteste bot die DB für den Erhalt des 120 Jahre alten Stationsgebäudes einen restaurationsfähigen Abbruch an, der tatsächlich glückte. Der alte Bahnhof steht seitdem auf dem ehemaligen RhE-Ausbesserungswerk in Köln-Nippes und beherbergt einen gemeinnützigen Verein.

Der Abschnitt Köln–Neuss verläuft seit dem S-Bahn-Bau bis Longerich vier- und ab dem Bayerwerk wieder zweigleisig. Anfangs fuhren lokbespannte Wendezüge mit der Baureihe 141 und „Silberlingen", später Triebwagen der Baureihe 420/421. Aktuell befahren die Strecke

Bild Nr. 5 Altes Empfangsgebäude Bahnhof Köln-Worringen

Bild Nr. 6 Neue S-Bahn Station Köln-Worringen

Der Ausschnitt aus der DB-Broschüre „S-Bahn Köln" zeigt die geplante Umgestaltung des Bahnhofs Köln-Worringen zu einer S-Bahn-Station.

neben den Güterzügen die S 6 von Essen bis Köln-Worringen, die S 11 bis Düsseldorf-Flughafen-Terminal sowie der Rhein-Weser-Express und der Regionalzug RE 7 von Krefeld bis Rheine. Die alte RhE-Abzweigstrecke von Neuss über Grevenbroich bis Bedburg (Erft) bedient die RB 39 als Düsseldorf-Erft-Bahn.

Der Personenverkehr zwischen Bedburg (Erft) und Düren endete jedoch am 27. Mai 1995. Ein Jahr später legte die DB AG den Abschnitt offiziell still. 1997 verschwand die Trasse durch den Hambacher Braunkohle-Tagebau endgültig von der Bildfläche. Auf dem Abschnitt Köln–Neuss wurde der einstige Güter- und Rangierbahnhof Nippes 1991 bahnamtlich aufgelöst und die DB Regio eröffnete stattdessen 2015 an dieser Stelle ein S-Bahn-Betriebswerk; drei Jahre später folgte das neue ICE-Instandhaltungswerk. In der ehemaligen Lokomotivhalle ist seit 1992 das Rheinische Industriebahn-Museum ansässig.

Abgesang mit Akkutriebwagen

Die Staatsbahn baute Anfang des 19. Jahrhunderts auch in Krefeld die Eisenbahnanlagen erheblich um. Für den 1907 fertiggestellten Bahnhof mit dem charakteristischen Uhrenturm wurde während der Bauarbeiten eigens ein sogenannter Notbahnhof angelegt. Der Bahnhof sieht von außen immer noch beindruckend aus, verlor aber im Innenbereich viel vom einstigen Glanz.

Verloren hat auch die einstige RhE-Abzweigstrecke Krefeld–Rheydt. Diese Verbindung blieb weit unter den Erwartungen der Gesellschaft. Die Staatsbahn fackelte dann nicht lange, reduzierte und verlegte die Trasse. Der RhE-Güterbahnhof Speick, seit 1878 auch als Personenhaltestelle genutzt, wurde 1890 mittels Verbindungskurve an den BME-Bahnhof Rheydt angeschlossen. Zehn Jahre später wurde die RhE-Trasse im Bereich Mönchengladbach verlegt und zwischen Rheydt und Viersen eine Güterumgehungsbahn für die Züge zwischen Aachen, Ruhrgebiet und Venlo eröffnet. Dafür wurde die Trasse von Bökel über Speick zum RhE-Bahnhof Rheydt-Morr aufgegeben.

Der endgültige Niedergang dieser Strecke vollzog sich durch den Zweiten Weltkrieg. Beim Rückzug vor den Alliierten sprengte die Wehrmacht 1944 die Eisenbahnbrücke zwischen Neuwerk und Mönchengladbach. Der Verkehr konzentrierte sich danach auf Viersen und die DB verzichtete auf einen Wiederaufbau. Das schon 1889 geschlossene Empfangsgebäude Rheydt-Morr wurde 1959 wegen der Kriegsschäden abgerissen und die Gleisanlagen als Abstellbahnhof genutzt. Der Bahnhof Speick fungierte ab den 1950er-Jahren als Schrottverladung, ehe er 1980 ganz aufgegeben wurde. Zuletzt fuhren noch Akkutriebwagen der Baureihe 815 auf den zunehmend verwaisten und verkommenen Bahnhöfen, die im Mai 1982 zum Stillstand kamen.

Als ebenso unwirtschaftlich erwies sich die RhE-Abzweigstrecke Neuss–Viersen, wo der Personenverkehr ab Kaarst am 29. September 1968 eingestellt wurde, der Güterverkehr Ende 1984. Ein Comeback erfolgte im September 1999 mit der Linie S 28 der S-Bahn Rhein-Ruhr, die von Wuppertal auf einem Teilstück bis zum neuen Bahnhof Kaarster See verkehrt. Es gibt allerdings Pläne, diese Linie vom Kaarster See bis Viersen zu verlängern. Die Stadt Willich, die für diese Pläne ein 18.000 Quadratmeter großes Grundstück gekauft hat, geht allerdings davon aus, dass frühestens Ende 2027 die ersten Züge fahren.

Die einst parallel zur BME-Strecke Viersen–Venlo verlaufende RhE-Strecke Kempen–Kaldenkirchen geriet in der DB-Ära ebenfalls schrittweise auf das Abstellgleis. Für den Abgesang im Personenverkehr mussten wieder die robusten Akkutriebwagen der Baureihe 515 herhalten, ehe die DB den Personenverkehr zum 23. Mai 1982 einstellte, der Güterverkehr hielt sich noch bis zum 31. Dezember 1999. Die Gleise zwischen Kaldenkirchen und Kempen wurden demontiert und zum Radweg umfunktioniert. Ein ähnliches Schicksal erlitt die 1902 errichtete Geldernsche Kreisbahn, die als Schmalspurtrasse vom RhE-Bahnhof Kempen aus über Wachtendonk und Straelen in Kevelaer wieder die RhE-Strecke erreichte. Busse und Lastwagen waren bald die stärkere Konkurrenz, sodass diese Ära nach knapp 30 Jahren endete.

Auch die Trassen von Krefeld über Kleve bis Nimwegen und Zevenaar erlebten turbulente Zeiten. Die Strecke Kleve–Elten–Zevenaar verlor nach der Verstaatlichung zunehmend an Bedeutung, weil die Wetterbedingungen die Fähren wie befürchtet zu oft lahmlegten. Die Konsequenz folgte mit dem 1912 eingestellten Trajektverkehr, der durch Dampfboote ersetzt wurde. Die DRB legte am 31. August 1926 die Strecke Elten–Welle komplett still. Eine kurze Reanimation erlebte der Abschnitt Spyck–Welle, als alliierte Truppen eine Eisenbahnbrücke mit beweglichen Schiffsöffnungen einrichteten und das abgebaute Gleis nach Welle wieder

In den einstigen „Pilgerbahnhof" Kevelaer fährt am 29. Dezember 2015 ein VT 648 der Nordwestbahn als RE 10 von Kleve nach Düsseldorf ein.

einbauten. Beide Bauwerke wurden aber nach Kriegsende 1946 wieder abgerissen. Auf der Strecke Kleve–Spyck fand auf der linken Rheinseite noch bis 1960 Personenverkehr statt. Der Güterverkehr nach Spyck zur ansässigen Ölmühle endete 1987. Übrig blieb neben ein paar einbetonierten Gleisresten bei Griethausen die längst stillgelegte Eisenbahnbrücke über den Rheinarm. Ein ursprünglich dort geplanter Tourismusverkehr über die älteste erhaltene Stahlbrücke über den Rhein kam nicht zustande.

Pedaltreter statt Pilger

Den Abschnitt Kempen–Kranenburg baute die Staatsbahn bis 1913 zweigleisig aus. Der Bahnhof Kleve bekam am 15. August 1904 die Verbindung nach Moers hinzu, die sich an die 1903 eröffnete Strecke von Trompet nach Rheinhausen anschloss. Wegen des stark wachsenden Verkehrs wurde der Bahnhof Kleve immer weiter ausgebaut. Für wachsenden Zugverkehr sorgten auch die Pilgerzüge zum Wallfahrtsort Kevelaer. Der seit 1863 bestehende RhE-Bahnhof Kevelaer zählte 1913 über 300 Sonderzüge mit rund 600.000 Pilgern. Das Bahnhofsgebäude wurde daraufhin ausgebaut, der Bahnsteig überdacht und 1914 eine Pilgerhalle errichtet.

Der Bahnhof Goch bekam ab 1873 Gesellschaft durch die Boxteler Bahn der Nord-Brabantisch-Deutschen Eisenbahngesellschaft (NBDS). Die Staatsregierung verlangte deshalb von RhE und NBDS einen neuen, gemeinsamen Bahnhof, der im Oktober 1878 eröffnet wurde. Im Anbau befanden sich ein Restaurant und für niederländische Züge eine Zollstation.

Nach dem Zweiten Weltkrieg erlebte die Strecke immer mehr Einbußen. Zwar startete am 5. Juli 1945 zwischen Krefeld und Geldern wieder der Reiseverkehr und einen Monat später auch zwischen Geldern und Kleve–Kranenburg, allerdings zwischen Geldern und Kleve nur noch eingleisig. Das zweite Gleis hatten die alliierten Truppen demontiert und 1956 wurde auch der Streckenabschnitt Kleve–Kranenburg zur dauerhaften Eingleisigkeit verurteilt. Durch den nachlassenden Verkehr verloren die Bahnhöfe ebenfalls an Bedeutung und Betriebsamkeit. Der „Pilgerbahnhof" wurde während des Krieges das Ziel von Luftangriffen. Das zerstörte Empfangsgebäude baute die DB 1953 samt Pilgerhalle zwar wieder auf, doch die Pilgerzüge büßten zunehmend an Zuspruch ein. Nach einem Intermezzo der Kevelaerer Eisenbahnfreunde und Modellbahner dient die Pilgerhalle gegenwärtig als Radstation. Der einstige Inselbahnhof Goch wurde ebenfalls im Krieg zerstört. Kaum war das neue Bahnhofsgebäude fertiggestellt, endete 1963 der Personenverkehr der sowieso schon ziemlich zerrupften Boxteler Bahn.

Der frühere Kreuzungsbahnhof Kleve verlor nicht nur am 28. Februar 1990 die Teilstrecke nach Xanten, sondern durch die Umstellung von Dampf- auf Dieselbetrieb auch seine Betriebswerk-Außenstelle. Der Warentransport endete in Kleve im Dezember 1969 mit dem Ende des Güterverkehrs nach Nimwegen. Mitte 1996 wurde der Güterbahnhof stillgelegt und dessen Gleisanlagen im Jahr 2003 abgebaut. Schon zuvor hatte 1991 der Reisezugbetrieb auf dem Abschnitt Kleve–Nimwegen geendet und seit 1999 ist der Abschnitt Kleve–Kranenburg–Grenze offiziell stillgelegt. Dennoch wird der Abschnitt immer noch befahren, und zwar seit 2008 durch einen Draisinen-Freizeitverkehr. Auch die Reaktivierung des Reisezugbetriebs zwischen Kleve und Nimwegen ist immer wieder Thema.

Flutkatastrophe und Nebenbahnsterben: Die Strecke Köln–Trier

Noch zu Zeiten der RhE schaffte es die Eifelbahn trotz der vorhandenen Erz- und Steinkohlevorkommen nicht, die erhofften Erträge durch den Gütertransport zu erwirtschaften. Die Lösung sah die Direktion damals im Bau neuer Zweigbahnen, was aber dann größtenteils die Staatsbahn umsetzte. Doch auch nach der Verstaatlichung blieb der Güterverkehr weiter ein Sorgenkind, denn die Wege der staatlich gebauten Vennbahn und Moselstrecke nach Lothringen oder ins Ruhrgebiet waren deutlich kürzer.

Um auch den Personenverkehr zu optimierten, führte die KED Köln auf Drängen der Kölner Handelskammer auf der Eifelstrecke ab 1896 durchgehende Schnellzüge von Köln bis Straßburg ein. Zudem wurden zwischen dem Kölner Hauptbahnhof und Kalscheuren zwei zusätzliche Gleise sowie zwischen Kalscheuren und Euskirchen ein zweites Gleis angelegt. Die bereits 1907 angedachte Elektrifizierung der Strecke soll bis 2026 realisiert werden.

Auch die Eifelstrecke wurde natürlich von den Kriegsereignissen des 20. Jahrhunderts beeinflusst. Nach dem Ausbruch des Ersten Weltkrieges war die Verbindung durch die westwärts abzweigenden Nebenbahnen wichtig für die Soldaten- und Waffentransporte. Diese Bedeutung war auch den Streitmächten des Zweiten Weltkrieges bewusst. Obwohl dieser hart umkämpfte Schauplatz ein stetiges Ziel alliierter Luftangriffe war, konnte die Wehrmacht

Charakteristisch für den südlichen Teil der Eifelstrecke sind die prächtigen Tunnelportale wie das Ostportal des Kyllburger Tunnels, in dem ein Dieseltriebwagen der Baureihe 628 als Regionalbahn am 11. September 1999 in Richtung Gerolstein einfährt.

für die am 1. Dezember 1944 beginnenden Ardennen-Offensive alle Transporte durchführen. Jedoch wirkten sich die alliierten Attacken und Hitlers „Politik der verbrannten Erde“ so verheerend aus, dass nach Kriegsende keine Bahnlinie mehr befahrbar war. Besonders die wichtigen Bahnhöfe in Euskirchen, Jünkerath und Trier verwandelten sich durch die Bombardierungen in Trümmerfelder. Weil die Eifelbahn zum größten Teil in der französischen Besatzungszone lag und die Franzosen Entschädigungen verlangten, wurde unter anderem zwischen Kall und Nettersheim bis 1946 das zweite Gleis ausgebaut. Bis in die 1950er-Jahre dauerten die Reparaturarbeiten, ehe alle Bahnhöfe und Nebenlinien wieder benutzbar waren. Beim Bahnhof Mechernich war sogar erst im Oktober 1963 das neue und wesentlich kleinere Empfangsgebäude fertig.

Unter dem Pflaster der Radwege

Nach der Reparatur von Trassen, Brücken und Tunnel waren die Eifelstrecke und sämtliche Nebenbahnen bis 1952 wieder befahrbar. Doch die Zeiten hatten sich geändert, denn zu diesem Zeitpunkt verlagerte sich der Verkehr von der Schiene zunehmend auf die Straße. Die DB versuchte mit Schienenbussen der Baureihe VT 95 und VT 98 gegenzusteuern. Doch selbst die „Retter der Nebenbahnen“ konnten den Niedergang mancher Zweigbahn entlang der Eifelstrecke nicht aufhalten.

211 035 verlässt den Bahnhof Lissendorf mit einem Nahverkehrszug in Richtung Gerolstein und passiert dabei das markante Stellwerk, das mittlerweile außer Betrieb, aber zumindest denkmalgeschützt ist. Zudem wurde der Bahnhof 2019 zu einem Bedarfshaltepunkt herabgestuft.

So verlor die Westeifelbahn Gerolstein–Prüm–St. Vith als strategische Verbindung nach Kriegsende zusehends an Betrieb. Zwar wurde der Abschnitt zwischen Gerolstein und Ihren am 17. Oktober 1949 wiedereröffnet, doch weiter nach St. Vith sollte die Reise nicht mehr gehen. Die Fahrgäste des Trennungsbahnhofs Pronsfeld mussten sich bis Ende 1972 mit den Verbindungen nach Bleialf, Prüm, Waxweiler und Neuerburg gleich von vier Fahrzielen trennen. Der Güterverkehr von Gerolstein nach Pronsfeld überlebte noch bis Juni 2001. Nach mehreren Sonderfahrten mit Dampf-, Diesel- oder Schienenbusbetrieb und der darauffolgenden Gleismontage erinnert am ehemaligen Bahnhof Pronsfeld seit 2009 ein kleines Freilichtmuseum mit Köf II, „Donnerbüchse“ und Infotafeln an das vergangene Eisenbahnzeitalter. Der verbliebene Restverkehr zwischen Gerolstein und Prüm endete am 27. September 1980, der bis Gondelsheim am 1. Juni 1999. Der größte Trassenteil ist unter dem Pflaster des Eifel-Ardennen-Radweges verschwunden, was auch noch mit den Restschienen von Gerolstein nach Prüm passieren soll. Ebenfalls als Radweg endete der größte Teil der Nims-Sauertalbahn von Bitburg-Erdorf bis Igel, die bis 1997 demontiert wurde. Nur die Trasse von Bitburg nach Erdorf wurde nach zwischenzeitlichem Transportverkehr für eine ansässige Brauerei noch für Sonderfahrten genutzt.

Kaum nach Kriegsende wiederhergestellt, ging es nach den ersten Hamsterfahrten auch bei der Vennquerbahn mit den Fahrgastzahlen rapide bergab, und zwar so drastisch, dass der Personenverkehr auf dem Abschnitt Losheim (Eifel)–Weywertz bereits 1952 eingestellt wurde, das Ende von Jünkerath–Losheim (Eifel) kam am 26. Mai 1963. Da der Güterverkehr

Ein besonderer Gast war am 17. Mai 1998 auf der Vennquerbahn unterwegs. Im Rahmen einer großen Rundfahrt durch die Eifel und das Hohe Venn überquert der VT 11.5 den Bütgenbacher Viadukt in Belgien.

ebenfalls bescheiden blieb, stellte die DB bereits 1956 auf vereinfachten Nebenbahnbetrieb um. Nach dem Ende des restlichen Güterverkehrs zwischen Jünkerath und Losheimergraben (Buchholz) reaktivierte unerwartet die NATO die Strecke bis 1986 mit Investitionen in Millionenhöhe. Nach dem Ende des „Kalten Krieges" zwischen Ost- und Westeuropa rollten aber immer weniger Militärtransporte durch das Venn. Nach dem letzten Panzertransport am 18. Oktober 1999 betrieb die Eisenbahn-Verkehrsgesellschaft im Bergisch-Märkischen Raum bis Anfang 2001 noch Holztransporte zu einem Sägewerk. Die Stilllegung erfolgte am 15. Juni 2003 und im Spätherbst 2004 wurden die Gleise demontiert. Der anvisierte Draisinenverkehr für Touristen war damit hinfällig und stattdessen verwandelte sich die Trasse ab Mai 2015 in den Vennquerbahn-Radweg.

Auch die sogenannte Mittlere Ahrtalstrecke Dümpelfeld–Lissendorf bewahrten die Schienenbusse nicht vor der Stilllegung. Der letzte Zug fuhr 1973 über die Gleise und von Dümpelfeld bis Hillesheim verschwanden die Schienen im D-Zug-Tempo. Von Hillesheim bis Lissendorf hielt sich der Güterverkehr noch bis Ende 1982. Auch auf diesem Abschnitt entstand von Insul–Schuld und Dorsel–Fuchshofen ein Teil des Ahr-Radweges.

Die andere Verbindung, die neben Dümpelfeld–Lissendorf zum Kreuzungsbahnhof Ahrdorf verlief, war Ahrdorf–Blankenheim. Nach zahlreichen Zerstörungen durch Sprengungen der Wehrmacht wurde die Obere Ahrtalbahn am 15. Juni 1951 wieder komplett eröffnet – allerdings nur für den Güterverkehr. Eher widerwillig setzte die DB dann noch von 1954 bis 1958

Das Aus für Adenau kam am 2. Juni 1985 mit der Einstellung des Personenverkehrs auf dem Streckenabschnitt Kreuzberg–Adenau der Ahrtalbahn. Knapp zwei Monate zuvor ist 212 051 vor N 3015 am Bahnhof Adenau noch in Richtung Dortmund unterwegs.

zwischen Blankenheim (Wald) und Mülheim die flexiblen Schienenbusse ein. Das Schicksal der Strecke war jedoch mit einem jährlichen Minus von 130.000 Euro besiegelt. Die Bundesbahndirektion Köln legte im März 1961 den Personenverkehr für immer still. Der verbliebene Güterverkehr als Industriestammgleis zwischen Blankenheim (Wald) und Blankenheim (Eifel) war kaum noch der Rede wert und endete im Juli 1976. Jetzt fügt sich die ehemalige Ergänzungsstrecke ebenfalls seit Juni 2005 in den Ahr-Radweg ein.

Das Aus für das „Philippsheimer Bähnchen" kam mit einer neuen Buslinie zwischen Binsfeld und Trier sowie mit dem Ende des Haupttonempfängers in Ehrang. Der Personenverkehr ging drastisch zurück und der verbliebene Güterverkehr wurde ab Anfang der 1960er-Jahre auf Lkw umgestellt. Das „Schnaufbähnchen" hatte ab dem 9. August 1965 ausgeschnauft und die ehemalige Bahntrasse ist heute ebenfalls ein Radweg.

Eine Strecke unter Denkmalschutz

Dieses Schicksal blieb der 1981 für den Personenverkehr eingestellten Oleftalbahn erspart. Nachdem der im April 2006 gegründete Arbeitskreis Oleftalbahn wieder sonntägliche Tourismusfahrten durchführte, erlebte die Strecke Kall–Hellenthal eine unerwartete Renaissance. Nach langjährigen Verhandlungen mit der Bahn AG pachtete die Rhein-Sieg-Eisenbahn (RSE) im November 2008 den Streckenabschnitt von Kall nach Schleiden für eine Laufzeit von 50 Jahren. Seit 2012 steht die „Flitsch" zudem unter Denkmalschutz. Doch die Reaktivierungsbemühungen beendete vorläufig die Flutkatastrophe im Juli 2021, die einen Großteil der Trasse zerstörte. Was sich die Betreiber der Oleftalbahn noch erhoffen, schaffte bereits die Bördebahn zwischen Düren und Zülpich. Der fahrplanmäßige DB-Reisezugverkehr endete am 27. Mai 1983. Die von der DB Netz AG angekündigte Komplettstilllegung konterte der Arbeitskreis Bördebahn ab 1998 mit touristischen Sonderfahrten zur Landesgartenschau oder Dürener Kirmes. Die Bemühungen des Arbeitskreises zahlten sich aus, denn seit 2019 verkehren Personenzüge als RB 28 Eifel-Bördebahn wieder offiziell zwischen Düren und Euskirchen.

Von einer Stilllegung ist die Strecke Köln–Trier nicht bedroht, obwohl die DB Mitte der 1970er-Jahre genau dieses Verfahren für den Abschnitt zwischen Mechernich und Ehrang empfahl. Während der 1960er-Jahre fuhren Dampfloks der Baureihe 39 und 01 durch die oft menschenleere Eifel, ehe die Dieselära begann. Schienenbusse eroberten die Eifelbahn ebenso wie die Baureihen 211 und 215. Triebwagen der Reihe VT 624 des Bahnbetriebswerkes Trier verkehrten von 1964 bis 1980 als Eilzüge. Triebwagen der Baureihen 611, 612 und 644 verkehrten ebenfalls auf der Strecke.

Was die DB mit ihren zwischenzeitlichen Stilllegungsplänen nicht schaffte, erledigte die Naturgewalt. Die durch Starkregen verursachten Überschwemmungen am 14. und 15. Juli 2021 unterspülten Gleiskörper und zerstörten unter anderem Brücken und Signalmasten. Betroffen war davon auch die Stichbahn nach Bad Münstereifel. Mittlerweile ist ein Großteil der Strecke wieder in Betrieb und der weitere Wiederaufbau läuft auf Hochtouren. Güterverkehr betreiben nur noch regionale Anbieter wie die Vulkan-Eifel-Bahn-Betriebsgesellschaft.

Schienenesel und Schnellbahnen: Die Strecke Osterath–Dortmund Süd

Trotz aller Bemühungen, günstiger Tarife und zahlreicher Anschlussbahnen spielte die RhE im Ruhrgebiet hinter der BME und KME immer nur die dritte Geige. Nach der Verstaatlichung bemühte sich die zuständige Eisenbahndirektion, auch in dieser Region die ineffektiven Trassen der Privatgesellschaften zu optimieren oder zusammenzulegen. Für manche RhE-Verbindung innerhalb der Region bedeutete diese Politik allerdings das Todesurteil.

Zusammengefasst und aufgelöst

Die RhE und die KED Köln sorgten zunächst dafür, dass bei der Ruhrgebiets-Stammstrecke ausgerechnet der Ausgangspunkt Osterath als Umsteiger- und Güterwagenbahnhof erheblich an Bedeutung verlor. Zunächst stellte die RhE am 1. Februar 1877 ab Oppum eine Zweigbahn nach Krefeld fertig. Daraufhin wurde der Abschnitt Osterath–Fischeln zunächst stillgelegt und ab 1898 Teil der Schnellstraßenbahn Düsseldorf–Krefeld. Die Staatsbahn

Dortmund-Löttringhausen war früher ein RhE-Knotenbahnhof, denn hier zweigte der „Rheinische Esel" nach Bochum-Langendreer der Strecke Dortmund–Hagen ab. Am 2. April 1982 ist dort ein mit zwei Dieselloks der Baureihen 216 und 221 bespannter Kohlenzug zum Cuno-Kraftwerk in Herdecke unterwegs.

baute dann bis 1901 von Krefeld-Linn über Oppum eine Güterbahnverbindung zum Krefelder Hauptbahnhof. Zuvor und danach löste die Behörde von 1887 bis 1908 mehrere Anschluss-, Teil- und Zechenstrecken der RhE auf und nutzte diese Trassen teilweise als Aufstellgleise. Dazu zählten die Güterzugstrecke Essen-Kray Nord–Wanne ebenso wie die Zechenbahn Gelsenkirchen-Wattenscheid–Wanne oder die Teilstrecke zwischen der Eisenhütte „Phönix“ und der Zeche „Anne“.

Anfang des 20. Jahrhunderts wurden zudem die Ruhrorter Häfen, wozu auch die Hochfelder Häfen-Anschlüsse der RhE gehörten, zur Verwaltung der Duisburg-Ruhrorter Häfen zusammengefasst. Mehrere Bahnhöfe erhielten neue Bezeichnungen.

Aus Essen RhE wurde die Station Essen Nord und aus Hochfeld RhE der Bahnhof Duisburg-Hochfeld Süd. Dieser am heutigen „Kultushafen“ liegende Haltepunkt ist von einem weitverzweigten Schienennetz umschlossen, das in Richtung Hafen über Duisburg-Wanheim und Duisburg Thyssen zu den Stahlwerk-Giganten Thyssen, Krupp und Mannesmann führt. Das Bundesverkehrsministerium will den Abschnitt Duisburg-Hochfeld–Mannesmann im Rahmen des Programms „Elektrische Güterbahn“ mit einer Oberleitung ausrüsten. Der Personenverkehr beschränkt sich mittlerweile auf die Regionalbahnlinien RB 33 Rhein-Niers-Bahn und RB 35 Emscher-Niederrhein-Bahn, die alle wie der Güterverkehr die mittlerweile vierte

Eine Rangierlok der Baureihe 261 (V60) verlässt den Güterbahnhof Essen-Rüttenscheid im Juli 1981 mit einem Güterzug in Richtung Mülheim-Heißen. Die einstige Hauptbahn Mülheim-Heißen–Altendorf (Ruhr) ist heute komplett verschwunden und der ehemalige Güterbahnhof ein Parkplatz für die Messe Essen.

Version der imposanten Duisburg-Hochfelder Eisenbahnbrücke passieren. Die Eisenbahndirektion fasste zudem den RhE-Bahnhof Mülheim (Ruhr) und den BME-Haltepunkt Mülheim-Eppinghofen zum Bahnhof Mülheim (Ruhr) zusammen.

Die Produktivität des Ruhrgebiets und seiner Eisenbahnen kam zweimal durch Deutschlands Kriegsniederlagen zum Stillstand. Nachdem der Besiegte des Ersten Weltkrieges die Reparationsforderungen nicht erfüllte, besetzten Frankreich und Belgien das Ruhrgebiet, darunter auch den Bahnhof Duisburg-Hochfeld Süd. Nach dem Zweiten Weltkrieg musste sich die DB mit Eigenmitteln dem steuerfinanzierten Straßenverkehr stellen. Die Folge war, dass ein Nebenbahnsterben einsetzte. Auch der nachlassende Bedarf an Kohlen- und Personentransporten sorgte dafür, dass sich das Gleisnetz der RhE zusehends ausdünnte. Da half es auch nicht, dass die zuständige Eisenbahndirektion nach der Verstaatlichung weitere, noch für die RhE konzessionierte Ergänzungsbahnen, wie die am 15. Dezember 1880 eröffnete Zweigbahn Dortmund-Löttringhausen–Bochum-Langendreer und die am 1. Januar 1884 eröffnete Verbindung Bochum Nord–Weitmar, fertigstellte. Beiden Verbindungen war kein dauerhafter Betrieb beschieden. Mittlerweile ist die RhE-Stammstrecke in weiten Teilen stillgelegt und von Mülheim-Speldorf, einst die Verbindungsstation zwischen Ruhrgebiet und rechter Rheinstrecke, fahren bis Essen-Kray Nord keine Züge mehr.

Einer Kraftwerktrasse geht der Saft aus

Die Strecke Bochum Nord–Weitmar bediente fast ausschließlich Zechen und Industriebetriebe mit einem Anschluss an die BME-Bahnstrecke Essen-Überruhr–Bochum-Langendreer. Der Personenverkehr startete am 1. Januar 1884, die Trasse erhielt wegen des an der Strecke liegenden Steinkohlekraftwerks Springorum die Bezeichnung „Springorumbahn" und damit regionalen Bekanntheitsgrad. Der Kultstatus bewahrte die Kraftwerktrasse nicht davor, dass ihr etappenweise der Saft ausging. Der Personenverkehr endete bereits wieder 1906 und der Güterverkehr am 13. August 1999. Der einst bedeutende Bahnhof Bochum Nord erlebte seine dunkelsten Stunden während der Nazi-Herrschaft. Der Bahnhof wurde 1933 Ausgangsstation von Sammeltransporten, die auch nach Theresienstadt führten. Das gut erhaltene Empfangsgebäude des Bahnhofs beherbergt mittlerweile eine Schönheitschirurgie. Durch ein elektronisches Stellwerk (ESTW) spielt Bochum Nord neben dem Güterverkehr weiterhin eine wichtige Rolle – auch durch das Anschlussgleis zu einem Stahlwalzwerk.

Mittlerweile nutzen Fußgänger und Radfahrer die demontierte Strecke als „Springorum-Trasse", die von Altenbochum bis zum Ruhrtal-Radweg führt. Die bewusst steigungsarme Strecke Dortmund-Löttringhausen–Bochum-Langendreer war ebenso primär für Kohle und Industriegüter gedacht und besaß in Löttringhausen einen Anschluss an die RhE-Strecke Dortmund–Hagen. Aber auch Personenzüge fuhren über die Strecke. Die Bevölkerung nutzte die Verbindung sozusagen als Schienenesel für ihre landwirtschaftlichen Produkte, woraus die Bezeichnung „Rheinischer Esel" entstand. Dennoch entpuppte sich der Personenverkehr am Ende als pure „Eselei". Zuletzt holten nur noch die Akkutriebwagen der Baureihe 515 die wenigen Pendler ab, sodass der Personenverkehr 1979 ausrollte. Auch der Güterverkehr beförderte immer weniger Fracht an Bord und endete 2004. Die Strecke ist verschwunden, der Name aber geblieben: Seit 1992 ist die Trasse der Radweg „Rheinischer Esel".

Die Stichstrecke Mülheim (Ruhr)-Heißen–Altendorf (Ruhr) war ebenfalls für den Güterverkehr und die Zechenanschlüsse gedacht, weshalb sich der Personenverkehr auf den Nahverkehr beschränkte. Die Strecke schloss in Altendorf (Ruhr) an die Mittlere Ruhrtalbahn der BME an. Der Personenbahnhof, den die Züge ab Steele über eine Ruhrbrücke erreichten, entstand in Altendorf aber erst 1879 durch die RhE. Um die Strecke für den Personenverkehr zu optimieren, setzte die Staatsbahn auch Wittfeld-Akkutriebwagen ein, die ab Steele auf der BME-Trasse über eine zweigleisige Stahlfachwerkbrücke Bochum-Dahlhausen erreichten und weiter nach Hattingen fuhren.

Durch die alliierten Luftangriffe brannte das Stationsgebäude in Mülheim (Ruhr)-Heißen völlig ab. Spätestens ab den 1950er-Jahren musste die DB ihre Strecken ausdünnen und rationalisieren. Davon betroffen war auch diese Verbindung, als die Direktion am 5. Oktober 1953 die Abzweigstelle Mülheim (Ruhr)-Heißen nach Essen Nord und Essen-Borbeck auflöste. Hinzu kam, dass die im Zweiten Weltkrieg von Wehrmachtssoldaten zerstörte Ruhrtalbrücke zwischen Steele und Altendorf (Ruhr) nicht wiederaufgebaut wurde; damit war Essen-Steele Süd die Endstation. Nach einer letzten Hochphase mit werktäglich zahlreichen Zugpaaren in den 1950er-Jahren endete im Mai 1965 der zuvor schon ausgedünnte Personenverkehr. Die Zechen lieferten keine Kohle mehr und die Betriebe keine Güter, was 2001 das Aus bedeutete. Zwischen 1970 und 1978 fanden noch vereinzelte Museumsfahrten statt, ehe die gesamte Infrastruktur demontiert wurde. Bahnhöfe wie Essen-Steele Süd, Rüttenscheid und Rellinghausen wurden dem Erdboden gleichgemacht. Geblieben sind auf der Trasse der Gruga-Radweg und einige Kilometersteine. Ebenfalls zum Radweg wurde die von der RhE 1875 eröffnete Kray-Wanner Bahn, auf der die Züge noch bis 1993 Förderkohle und Koks transportierten.

221 107 durchfährt mit einem „Waschbergezug" den Bahnhof Lembeck an der Strecke Dorsten–Coesfeld, auf der heute planmäßig nur noch Personenzüge verkehren. Am anderen Zugende befindet sich ebenfalls eine Lok dieser Baureihe.

Denkmalgeschützt abgekoppelt

Bei der Bahnstrecke Essen–Gelsenkirchen verlegte die Staatsbahn ab 1904 die Trasse des RhE-Bahnhofs Gelsenkirchen zum KME-Bahnhof, der drei Jahre später den Status eines Hauptbahnhofs erhielt. Bis 1908 wurde die Strecke bis Essen-Kray Nord zweigleisig ausgebaut und auch für den Personenverkehr genutzt. Die Staatsbahn baute zudem am Bahnhof Schalke RhE das Anschlussgleis zur Zeche „Wilhelmine Victoria" am 1. April 1897 bis zum Bahnhof Heßler zu einer Güterzugstrecke aus. Essen-Kray Nord entwickelte sich zum Bahnhof mit der zweitgrößten Kohlenverladung im Netz der RhE, ehe der Abwärtstrend einsetzte. Der Personenverkehr zwischen Mülheim (Ruhr)-Heißen und Essen-Kray Nord endete bereits 1959, sechs Jahre später legte die DB auch den Abschnitt Essen-Kray Nord–Bochum-Präsident still. 20 Jahre später wurde die Strecke von Bochum-Präsident nach Bochum-Langendreer aufgegeben und ab Bochum-Präsident über den Bahnhof Bochum-Riemke an die BME-Strecke Bochum–Herne angebunden. Der Bahnhof Essen-Kray Nord büßte mit dem Ende des Güterverkehrs 2004 den Status als Abzweigbahnhof ein. Das mittlerweile denkmalgeschützte Empfangsgebäude wird nicht mehr für die Bahn genutzt. Über die mittlerweile durchgehend elektrifizierte Strecke verkehrt seit 1991 die S-Bahn S 8 weiterhin zwischen Essen und Gelsenkirchen.

Nicht mehr angefahren wird hingegen seit 1963 der einst so wichtige und nahezu völlig verschwundene Bahnhof Dortmund Süd. Auch hier nutzten die Nazis die Bahn-Logistik, um Juden in die Vernichtungslager zu deportieren, woran eine Gedenktafel an der Nordseite des Wasserturm-Hochhauses erinnert.

Schnurgerade ins Abseits

Gefloppt ist in weiten Teilen auch die eingleisige RhE-Strecke von Duisburg nach Quakenbrück. Die schnurgerade Strecke, mit der die RhE die Nordseehäfen erobern wollte, erreichte am Ende doch nur regionale Bedeutung und statt Duisburg wurde nach der Verstaatlichung Oberhausen neuer Ausgangsbahnhof. Zwar transportierten die Güterzüge wie erhofft Kohle für die Kriegsmarine in Wilhelmshaven, aber nach der Verstaatlichung verlagerte sich der größte Teil des Güterverkehrs auf die zweigleisige Strecke Osnabrück–Bremen. Nach dem Zweiten Weltkrieg fuhr ab Sommer 1950 nur noch ein durchgehendes Eilzugpaar zwischen Oberhausen und Oldenburg und der kurzzeitig aufgenommene Personenverkehr zwischen Dorsten und Osterfeld Nord endete bereits 1960.

Der Komplettverkehr dünnte sich zusehends aus. Der Personenverkehr zwischen Rheine und Quakenbrück endete 1969 und der letzte Reisezug zwischen Rheine und Coesfeld fuhr nach dem 28. September 1984 auf das Abstellglas. Die Strecke wurde anschließend zur Nebenbahn herabgestuft und der Güterverkehr endete im Januar 1993. Ein Abschnitt nach dem anderen verfiel in den dauerhaften Dornröschenschlaf. Der Güterverkehr zwischen Spelle und Quakenbrück endete am 1. Januar 1996 ebenso wie zwischen Lutum und Rheine. Der Plan, auf der Trasse eine ICE-Teststrecke zu bauen, scheiterte. Die Bauarbeiten begannen 1979, wurden jedoch bereits Anfang 1980 eingestellt.

Drahtesel statt Draisine

Dennoch hat der Verkehr auf manchen Strecken überlebt oder es kamen neue Verbindungen hinzu. Die Züge der Strecke Empel–Rees–Münster nutzen zwischen Coesfeld und Lutum das ehemalige RhE-Gleis, um zum 2011 neu eröffneten Haltepunkt Coesfeld Schulzentrum zu fahren. Der Abschnitt Dorsten–Coesfeld wird gegenwärtig als Flügelzugkonzept vom Emscher-Münsterland-Express befahren. Zwischen dem Abschnitt Rheine–Spelle fahren seit 2001 Güterzüge für das Betonwerk Rekers in Spelle und seit 2015 zum Hafen Spelle-Venhaus am Dortmund-Ems-Kanal.

Das in neobarocker Form 1910 von der Staatsbahn fertiggestellte Empfangsgebäude in Quakenbrück wird mittlerweile als Bürogebäude und Pizza-Imbiss benutzt und am Bahnsteig hält jetzt der RE 18 zwischen Wilhelmshaven und Osnabrück. Der Abschnitt zwischen Quakenbrück und Fürstenau wurde jahrelang von einem touristischen Draisinenverkehr befahren, was 2022 wegen eines geplanten Fahrradweges endete. Ein solcher Radweg existiert seit 2009 bereits auf der ehemaligen Trasse zwischen Rheine und Coesfeld.

Die Bahn der „Blauen Banane“: Die rechte Rheinstrecke

Die rechte Rheinstrecke ist nach wie vor ein wichtiges Bindeglied für die Nah- und Fernrouten aus Nord und Süd. Verschiedene Bauwerke, Zweig- und Kleinbahnen überlebten jedoch die Dekaden der Demontagen leider nicht.

Der „Wedauer“ war nicht von langer Dauer

Den Charakter als wichtige Verbindungslinie behielt der Abschnitt Troisdorf–Speldorf zwar bei, dennoch musste die Strecke schon früh Einbußen hinnehmen. Der Personenverkehr wurde zwischen 1971 und 1983 sukzessive eingestellt. Ein Grund für den nachlassenden Bedarf war auch Düsseldorfs neuer Hauptbahnhof, der ab 1891 die Privatbahnstationen ersetzte. Von da an fuhren die Personenzüge hauptsächlich über die KME-Strecke Köln–Duisburg, bis zuletzt nur noch ein paar Akkutriebwagen über die Gleise zuckelten. Die ab dem 15. Dezember 2002 erfolgte Reaktivierung zwischen Duisburg Hbf und Duisburg-Entenfang durch die RB 37 als „Der Wedauer“ endete bereits im Dezember 2019 wegen angeblich mangelnder Resonanz.

Vom einst umfangreichen Bahnhof Speldorf existiert noch das einstige Ausbesserungswerk, das die RhE als Entlastung für die Hauptwerkstatt in Köln-Nippes baute. Der Betrieb verlagerte sich nach der Verstaatlichung in Richtung Duisburg-Wedau, sodass sich die Speldorfer Beschäftigten nur noch um die Dampfloks kümmerten. Von dem 1959 geschlossenen Werk wird die alte Lokrichthalle von der Mülheimer Verkehrsgesellschaft genutzt, während in der denkmalgeschützten Alten Dreherei seit 2009 zahlreiche Vereine ansässig sind. Der Verkehr zwischen Speldorf und Duisburg-Hochfeld Süd wurde bereits im Juni 1962 auf Eingleisigkeit reduziert. Vier Jahre später wurde Speldorf als selbstständige Dienststelle aufgelöst und dem Bahnhof Mülheim (Ruhr) angegliedert. Das Empfangsgebäude war dann 1977 ein Fall für die Abrissbirne. Die seit

Das Rhein-Hochwasser war für die Rheinstrecken der RhE oft ein Problem, wie hier im April 1909, als die Trassen der rechten Rheinstrecke und der Westerwaldbahn bei Engers unterspült waren.

1903 von der Strecke abzweigende Angertalbahn zwischen Ratingen West und Wülfrath führt heute nur noch Güterverkehr für das Rohendhauser Kalkwerk in Richtung Ruhrgebiet durch. Der Personenverkehr endete bereits 1952. Trotz dieser „Verluste" ist die Strecke Speldorf–Troisdorf weiterhin eine unverzichtbare Güterstrecke zwischen Nord- und Süddeutschland.

Kriegsdenkmäler und Kleinbahnsterben

Verzichten konnten die Betreiber hingegen auf die 1914 am Staatsbahnhof Porz-Wahn eröffnete Kleinbahn Siegburg–Zündorf. Lokalen Legendenstatus erreichte die rund 35 Kilometer lange Strecke im Ersten Weltkrieg, weil die Kölner mit der Bahn oft in die Dörfer des Siegkreises fuhren, um Lebensmittel zu „hamstern". Rhabarber war dort leicht erhältlich, deshalb kehrten die Kölner mit Riesenmengen der Knöterichpflanze zurück in Richtung Heimat – der Begriff „Rhabarberschlitten" war geboren. Mittlerweile verkehren auf der 15 Kilometer langen Reststrecke nur noch Güterzüge.

Das Trajekt Bonn–Oberkassel war schon kurz nach seiner Eröffnung 1870 immer weniger gefragt. Durch die Bonner Rheinbrücke ab 1898 und die 1911 eröffnete Kleinbahn Bonn-Beuel–Dollendorf fuhr das Trajekt bald auf verlorenem Posten. Nach dem Ersten Weltkrieg wurde der Betrieb eingestellt.

Schon über 100 Jahre fährt die am 15. September 1898 eröffnete Kleinbahn Rheinbrohl–Mahlberg schon nicht mehr zum einstigen RhE-Bahnhof Rheinbrohl, um dort Basalt abzuliefern. Ebenfalls eingestellt wurde im Mai 2009 der Güterverkehr zwischen Beuel und Hangelar der früheren Kleinbahn Bonn-Beuel–Großenbusch. Die RSE organisierte von 1995 bis 2021 noch Sonderzüge zur Kirmes „Pützchens Markt“, was seit den pandemiebedingten Ausfällen nicht mehr fortgesetzt wird.

Der Betrieb der schmalspurigen und weitverzweigten Bröltalbahn wurde im Mai 1967 komplett eingestellt. Die Bröltalbahn sollte einst auch mit der Heisterbacher Talbahn verbunden werden, was aber wegen der nötigen Umspurung nicht mehr realisiert wurde. Die letzten Züge der Talbahn für den Tontransport verkehrten bis 1950. Acht Jahre später wurde oberhalb des Bahnhofs Königswinter auch der Betrieb der Petersbergbahn eingestellt, von der nur der Lokschuppen erhalten blieb.

Ein Kriegsdenkmal ist heute die „Brücke von Remagen“. Während des Zweiten Weltkrieges nutzen die alliierten Streitkräfte die Eisenbahnbrücke zum Überqueren des Rheins, was die Wehrmacht natürlich alarmierte. Der Versuch der Deutschen, die Brücke zu zerstören, misslang zwar, dennoch stürzte die Brücke am 17. März 1945 ein. Die DB dachte nach Kriegsende an einen Wiederaufbau, was aber wie bei der im März 1945 von der Wehrmacht zerstörten Hindenburgbrücke nicht mehr realisiert wurde. Auf der rechten Rheinseite stehen die Brückentürme in der Nähe des Bahnhofs Erpel wie steinerne Mahnmale. In dem früheren Eisenbahntunnel veranstaltet der örtliche „ad Erpelle Kunst- und Kulturkreis“ seit 2006 Theateraufführungen, Konzerte und Führungen. Die Brückentürme auf Remagener Seite beherbergen seit 1980 ein Friedensmuseum.

Als der Abschnitt der Brexbachtalbahn nach Engers noch nicht stilllegungsgefährdet war, fuhr N 6668 aus Altenkirchen am 1. Juni 1984 in Siershahn weiter.

Die Güterzüge der Strecke Linz–Flammersfeld transportierten bis zum 17. Mai 1995 noch Schmelzbasalt. Seit 1999 ist die einstige Basaltbahn als Kasbachtalbahn eine beliebte Tourismusstrecke, auf der an den Wochenenden Schienenbusse verkehren. Am einstigen RhE-Bahnhof Neuwied ist auch die Kleinbahn Neuwied-Rasselstein-Augustenthal beheimatet. Die Züge der 1891 eröffneten Trasse fuhren bis 2013 noch die Firma Rasselstein an und feierten sieben Jahre später mit Holztransporten ein Comeback. Die Abzweigbahn vom Bahnhof Engers nach Siershahn ist bis Grenzau ebenso außer Betrieb wie der Abzweig nach Hillscheid.

Die am 29. Juli 1901 eröffnete Kreisbahn vom Bahnhof Neuwied nach Oberbieber war am 31. Oktober 1950 schon wieder Bahnhistorie. Dasselbe Los traf 1977 die schmalspurige Nassauische Kleinbahn am Bahnhof Braubach, die ab 1903 bis Oberlahnstein Personen sowie Eisenerz, Kalkstein und Holz beförderte.

Die Enge des Rheintals

Die Hauptachse war schon kurz nach ihrer kompletten Fertigstellung während des industriellen Wachstums steigenden Transportanforderungen ausgesetzt. Der ab 1883 begonnene zweigleisige Ausbau reichte für die wachsenden Anforderungen allein nicht aus. Um die Zugfolge weiter erhöhen zu können, baute die Staatsbahn Überholstationen in Leubsdorf, Hammerstein und Heimbach. Wegen der zunehmenden Belastung durch Schnell- und Güterzüge dachte die Reichsbahn sogar kurzzeitig an einen viergleisigen Ausbau, was bei der topografischen Enge des Rheintals praktisch unmöglich war. Die Alternative einer zusätzlichen Trasse ohne schienengleiche Übergänge blieben nach dem Zweiten Weltkrieg im Planungsstadium. Die DB erkannte dann, dass die Verkehrsströme dauerhaft nur durch den Umstieg von Dampf- auf Elektrobetrieb zu meistern waren.

Bis Mai 1962 war der Abschnitt von Duisburg-Wedau bis Mainz komplett unter Strom. In Kombination mit einer neuen Signaltechnik war die erhoffte Leistungssteigerung geschafft. Die Strecke dient gegenwärtig vorrangig dem Ferngüterverkehr zwischen dem Rhein-Ruhr- und dem Rhein-Main-Gebiet und ist als Teil der „Blauen Banane“ ein wichtiger Faktor des europäischen Güterkorridors von Rotterdam nach Genua. Den Personennah- und Fernverkehr bedienen bis Koblenz unter anderem der Rhein-Erft-Express aus Mönchengladbach, der RE 5 aus Oberhausen und der ICE 556 aus Berlin.

In Abschnitten erhalten: Die Strecke Düsseldorf–Elberfeld–Dortmund Süd

Nach der Verstaatlichung optimierte die Eisenbahndirektion Elberfeld die Strecke und baute verschiedene Zweigbahnen. So erhielt der Bahnhof Haspe RhE im November 1894 eine direkte Verbindung zum Hagener Hauptbahnhof an die BME-Strecke Elberfeld–Dortmund. Zur Unterstützung des Güterverkehrs folgte im April 1896 eine Verbindung zwischen Varresbeck nach Vohwinkel und im Oktober 1914 von Schwelm-Loh zum Güterbahnhof Langerfeld. Zur weiteren Entlastung baute die Direktion bis 1895 den Abschnitt Düsseldorf–Hagen-Eckesey zweigleisig aus. Der Abschnitt Herdecke–Löttringhausen erhielt am 24. Oktober 1910 ebenfalls ein zweites Gleis. Der Bahnhof Vohwinkel wurde bis 1908 durch einen Rangierbahnhof und ein Betriebswerk ergänzt, die Gerresheimer Bahnhöfe der BME und RhE wurden zum heutigen Bahnhof zusammengefasst.

Der Kohlenbahn geht der Stoff aus

Währenddessen leistete die Hattinger Kohlenbahn jahrelang gute Dienste, doch durch das zunehmende Zechensterben ging der Strecke allmählich der „Stoff" aus. Die DB verurteilte die Strecke 1951 zur Eingleisigkeit und den Personenverkehr bewältigten jetzt Akkutriebwagen und Schienenbusse. Die Bundesbahndirektion Essen legte trotz der flexiblen „Roten Brummer" am 30. November 1979 den Personenverkehr endgültig still. Am 29. September 1984 folgte die Einstellung des Güterverkehrs zwischen Schee und Hattingen und am 30. Mai 1992 das offizielle Ende des Bahnbetriebs zwischen Wichlinghausen und Schee.

Nachdem noch einige Museumsbahnen und sporadische Güterzüge über die Strecke gefahren waren, verschwanden die Gleise ebenso wie die der vom Bahnhof Bossel abzweigenden Kleinbahn Bossel–Blankenstein. Die Trasse ist heute Bestandteil des „Von Ruhr zu Ruhr"-Radweges.

Auch auf der Strecke Schee–Silschede setzte durch den schwächelnden Bergbau der Niedergang ein. Die DB legte den Personenverkehr bereits am 7. Oktober 1951 still, der Güterverkehr existierte noch bis 1993. Der Bahnhof Schee der Kohlenbahn war im Oktober 1976 noch Schauplatz für die 50-minütige ZDF-Show „Mit Dampf und Musik" und ein Jahr später Kulisse für den Fernsehfilm „Magere Zeiten". Seit 1983 befindet sich das Empfangsgebäude in Privatbesitz. Die Kleinbahn Loh–Hatzfeld war im Personen- und Güterverkehr durch das Aus des Barmer Schlachthofs, den Umbau des Barmer Ortszentrums sowie den sinkenden Transportbedarf der letzten Industrieanschlüsse ab dem 1. Februar 1980 ebenfalls nicht mehr gefragt.

Der fehlende Fahrdraht

Während die Nebenbahnen nacheinander stillgelegt wurden, versuchte die DB nach dem Zweiten Weltkrieg der Rheinischen Strecke noch einmal neuen Schub zu verleihen. Von 1953 bis 1954 entstanden mit Lüntenbeck, Rott, Dorp und Osterbaum vier neue Haltepunkte. Der Fahrplan wurde mit Schienenbussen und Akkutriebwagen ETA 150 vertaktet, doch der Versuch, die, jetzt als Abgrenzung zur BME-Talbahn, als Wuppertaler Nordbahn bezeichnete Strecke zu einer Art nördlicher S-Bahn aufzubauen, scheiterte. Als die BME-Linie elektrifiziert wurde, geriet die Konkurrenzbahn noch mehr ins Hintertreffen. Die DB überlegte zwar in den 1970er-Jahren, auch für die Nordbahn eine Oberleitung zu bauen, doch der von Wuppertaler Zeitungen angekündigte Baubeginn für 1978 wurde wieder gestoppt.

Somit hielten in den nächsten Jahren immer weniger „Alibizüge" an den zunehmend verwahrlosten Bahnhöfen. Der letzte Triebwagen verkehrte am 27. September 1991, der letzte Güterzug offiziell am 17. Dezember 1999. Die DB AG machte nach der Stilllegung kurzen

Prozess und demontierte im Wuppertaler Norden fast alle Signale, Schienen und Stellwerke. Die Nordbahn mitsamt ihren imposanten Viadukten und Bahnhöfen drohte zu verrotten, ist aber durch die Bürgerinitiative Wuppertalbewegung seit 2014 ein Rad- und Wanderweg mit vielen Infotafeln und teilweise gut erhaltenen Eisenbahnrelikten. Der RhE-Gleisanschluss zur ehemaligen Konsumgenossenschaft und den Firmen Happich und Thielenhaus wurde vor der Demontage bewahrt und dient jetzt für eine touristisch genutzte Draisinenstrecke.

Erhalten blieb ebenfalls der Abschnitt zwischen Schwelm und Gevelsberg, über den gegenwärtig die S 8 zwischen Mönchengladbach und Hagen fährt. Besser als der Nordbahntrasse erging es auch dem Abschnitt Düsseldorf-Gerresheim–Dornap-Hahnenfurth, auf dem seit 1998 die S 28 der Regiobahn über Neuss und Mettmann Anschlüsse bis zum Wuppertaler Hauptbahnhof und zum Kaarster See bietet. Hierfür wurde die Strecke Mettmann–Dornap-Hahnenfurth erneut zweigleisig ausgebaut und über eine 1,8 Kilometer lange Neubaustrecke bei Dornap an die Strecke Essen–Wuppertal-Vohwinkel angebunden. Auch der Güterverkehr ist mit Transporten zu den Dornap-Hahnfurter Kalkwerken weiterhin aktiv. Der Haltepunkt Kaarster See ist momentan Endstation der einstigen RhE-Abzweigstrecke Neuss–Viersen. Und damit schließt sich der Schienenkreis im Wirken der einst so mächtigen Eisenbahngesellschaft.

Die RhE ist Geschichte, aber der Ruhrviadukt bei Herdecke immer noch Gegenwart, als am 26. April 2009 der Nostalgiezug der Ruhrtalbahn mit 78 468 das imposante Brückenwerk überquert.

Literatur und Quellen (Auswahl)

Primärquellen:

Protokolle und Geschäftsberichte der Generalversammlungen der Rheinischen Eisenbahngesellschaft

Preußische Gesetzessammlungen

Zeitung des Vereins Deutscher Eisenbahnverwaltungen

Literatur:

Arbeitskreis Bahnen Wuppertal: *Verkehrsknoten Wuppertal: Von den Anfängen bis Mitte der siebziger Jahre*, EK-Verlag, Freiburg

Dumjahn, Horst-Werner (Einf.): *Handbuch der deutschen Eisenbahnstrecken. Eröffnungsdaten 1835-1935*, Horst-Werner Dumjahn Verlag, Mainz, 1984

Elenz, Hermann: *Schienen, Dampf und Kohlenstaub. Zur Geschichte des Eisenbahnbaus in der Eifel*, Helios-Verlag

Endmann, Karl: *Düsseldorf und seine Eisenbahnen in Vergangenheit und Gegenwart*, Motorbuch-Verlag, Stuttgart

Ernst, Friedhelm: *Verkehrsknoten Köln*, EK-Verlag, Freiburg

Hoffmann, Bernd Franco: *Die Bergisch-Märkische Eisenbahn*, Sutton Verlag, Erfurt

Hoffmann, Bernd Franco: *Die Köln-Mindener Eisenbahn*, Sutton Verlag, Erfurt

Hoffmann, Bernd Franco: *Stillgelegte Eisenbahnen im Bergischen Land*, Sutton Verlag, Erfurt

Hoffmann, Bernd Franco: *Stillgelegte Eisenbahnen im Rheinland*, Sutton Verlag, Erfurt

Kandler, Udo: *Verkehrsknoten Koblenz*, EK-Verlag, Freiburg

Kandler, Udo: *Verkehrsknoten Düsseldorf*, EK-Verlag, Freiburg

Kemp, Klaus: *Eisenbahnchronik Eifel – Band 1: Die Eifelbahn Köln-Trier und die Vennbahn*, EK-Verlag, Freiburg

Krumpmann, Karl: *Die Entstehung der Rheinischen Eisenbahn-Gesellschaft 1830-1844*, Inktank Publishing

Meyer, Lutz-Henning: *150 Jahre Eisenbahnen im Rheinland*, Bachem-Verlag, Köln

Ostendorf, Rolf: *Eisenbahnpunkt Ruhrgebiet*, Motorbuch-Verlag, Stuttgart

Schönewald, Heinz: *Die Geschichte der Ahrtalbahn*, Gaasterland Verlag; Schorndorf

Schweers, Hans; Wall, Henning: *Eisenbahnatlas Deutschland*, Schweers + Wall, Köln

Scholten, Markus: *Verkehrsknoten Krefeld*, EK-Verlag, Freiburg

Stöters, Friedhelm: *Rheinische Eisenbahn. Vom Niederrhein ins Ruhrgebiet*, Verlag Christa Schuhen-Holzbeck

Periodika:

KANDLER, UDO: *Die rechte Rheinstrecke*, Sonderausgabe Eisenbahn-Journa*l*, Hermann Merker Verlag

KANDLER, UDO: *Die linke Rheinstrecke*, Hermann Merker Verlag

SCHIEBEL, PETER/ PERILLIEUX, WINAND: *Eisenbahn zwischen Rhein und Ruhr: Von Düsseldorf über Wuppertal und Hagen nach Siegen*, Sonderausgabe Eisenbahn-Journal

SCHIEBEL, PETER/ PERILLIEUX, WINAND: *Eisenbahn in Köln. Teil 2: Die von Köln ausgehenden Eisenbahnlinien*, Sonderausgabe Eisenbahn-Journal

Internet:

Zielbahnhof.de

bahnstatistik.de

Bildnachweis

Aachener Geschichtsverein: S. 2; Architekturmuseum der Technischen Universität Berlin: S. 47, 63, 89, 91; Deutsche Gesellschaft für Eisenbahngeschichte: S. 12, 35, 79, 83, 101, 107; Eisenbahnstiftung Joachim Schmidt: Einband vorne, S. 110 (DLA Darmstadt/Bellingrodt); S. 3, 95 (Joachim Schmidt); S. 15, 29, 102 u. (Fischer); S. 22 (BD Wuppertal / Säuberlich); S. 38 u., 42 o., 60, 77, 78, 86, 99, 106, 114, 115, 117 u., 129, 148 (Wolfgang Bügel); S. 39, 42, 54 o., 67, Nachsatz (Carl Bellingrodt); S. 55 u. (Will A. Reed); S. 59, 6, 131, 139 (Peter Schiffer); S. 62 (B. Willemsen); S. 65, 79, 93, 103 (RVM); S. 76, 84 (Gerd Wolff); S. 82 o. (R.F. Collins); S. 97 u. (Johannes Glöckner); S. 105 u. (Hans-Dieter Jahr); S. 106 (Dieter Junker); Vorsatz, S. 112 o., Einband hinten (Joachim Bügel); S. 112 u. (Adam Raisch); S. 117 o. (Wolfgang R. Reimann); S. 123 (RBD Köln); S. 127 (Peter Knickels); S. 130 (Kurt Eckert); Bernd Franco Hoffmann: S. 5, 73; Roland Keller: S. 11, 31, 32, 72; Sammlung Roland Keller: S. 15, 23, 24, 27, 30, 34 o. und u., 71, 127; Landesarchiv Koblenz: S. 52; Rheinisch-Bergisches Eisenbahnarchiv: S. IV, 13, 19, 20, 26, 28, 40, 44 u., 45, 49 u., 54, 97 o., 122, 124, 132; Rheinisches Bildarchiv: S. 8, 10, 21, 38 o., 44 o., 48; Rheinisch-Westfälisches Wirtschaftsarchiv: S. 7, 37; Sammlung Fleischer: S. 46, 49 o., 57, 88, 113; Sammlung Rolf Haus: S. 82 u.; Sammlung Ingo Hütter: S. 14, 58, 102 o.; Stadtarchiv Aachen: S. 25; Stadtarchiv Linz: S. 105 o.; Stadtarchiv Neuwied: S. 147; Stadtarchiv Willich: S. 66; Roland Wirtz: S. 68, 118, 119, 134, 136, 137, 138, 141, 142, 143, 151; Zeitung des Vereins für Eisenbahnverwaltungen (Bestand Bayerische Staatsbibliothek): S. 32, 74, 80, 94, 109.

Klosterfrau
Klosterfrau